# 暮らしを彩る
# 刺しゅうの小物

# Contents

# 秋 *Autumn*

# 冬 *Winter*

本書（P.80~81、83、97、99、100、107〜111、113〜115、118〜121、
123のイヤーバンド、125〜129）に掲載している図案と型紙の
実物大とP.130〜139の図案が無料でダウンロードできます。

実物大図案のダウンロードはこちらから
https://www.fusosha.co.jp/contents/9784594087203/

＊図案はPDF形式で、A4サイズです。

本書は、『天然生活』2006〜2015年に掲載した記事を
加筆・修正し、新たなページを加え、再構成したものです。

## 作家紹介　※50音順

本書に掲載の刺しゅう作品には、難しい技法は使っていません。
そんな、手軽に取り入れられる暮らしを彩るアイデアや作品を
提案してくださった作家の皆さまをご紹介します。

### Eriko Aoki
**青木恵理子 さん**

手芸作家。アパレルメーカー、雑貨店勤務を経て、雑
貨制作を始める。雑貨店での作品販売をはじめ、書籍
や雑誌での作品発表、個展やワークショップの開催な
ど多方面にわたって活躍中。工夫があり、完成度の高
い作品に定評が。インスタグラム @erikoaoki.cloudy

Page 32〜33

### Rieko Ohashi
**大橋利枝子 さん**

スタイリスト、「fruits of life」デザイナー。「生活の実
り、豊かな暮らし」をテーマに、着心地がよくシルエ
ットの美しい、洗練された大人のための衣服を提案し
ている。著書は『おしゃれって いいもの』（文化出版局）
など多数。http://www.fruitsoflife.jp/

Page 76〜77

### Ako Inoue
**井上アコ さん**

ハンドメイドの洋服ブランド「クチル・ポホン」主宰。
洋裁・刺しゅう教室を開催するほか、子どもたちの絵
をその場で刺しゅうに写す「ライブ刺しゅう」が大人
気。著書に『井上アコのらくがき刺しゅう』（自由国民
社）などがある。インスタグラム @aco_pohon

Page 50〜51

### Fumi Oki
**沖 文 さん**

大学で刺しゅうを専攻後、江戸刺しゅう職人・竹内政
治に師事。2004年から日本刺しゅう教室を主宰する。
ヴォーグ学園やNHK文化センターなどでも講座を持
ち、1日体験教室も人気。著書は『日本刺繍の「いろは」』
（日本ヴォーグ社）など。https://oki-fumi.com/

Page 58〜61

### Ayako Otsuka
**大塚あや子 さん**

刺しゅう作家。「Embroidery Studio Ecru」主宰。刺
しゅうの普及、後進の育成に努める傍ら、広告やTV、
雑誌、書籍などで幅広く活躍。『大塚あや子のステッチ
ワーク24の刺繍物語』（文化出版局）など著書多数。日
本麻紡績協会の理事。http://www.studio-ecru.com/

Page 6〜16,44〜49,62〜65

### Kicca
**kicca さん**
（きっか）

手芸作家。北欧の伝統的な刺しゅうや織物などに影響
を受け、オリジナルの刺しゅう、ビーズ織りなどの多
彩な作品をつくる。作品のほか手芸材料や刺しゅうキ
ットもホームページにて販売。著書に『ツヴィストソム
と北欧刺繍』（文化出版局）がある。http://kicca.jp/

Page 26〜29,34〜35,50,52

## Chihiro Sato

**佐藤ちひろ さん**

デンマークに留学して手工芸全般を学ぶ。帰国後、刺しゅう・小箱作家として、TVや雑誌、個展など多方面で活躍。刺しゅうと小箱づくりの教室「アトリエ・エスカ」を主宰する。著書に『アルファベット刺しゅう』（NHK出版）などがある。http://www.aesker.com/

Page 22〜25

## Yumiko Higuchi

**樋口愉美子 さん**

多摩美術大学卒業後、ハンドメイドバッグデザイナーを経て、刺繍作家として創作活動を開始。さまざまなテーマで刺しゅう図案を制作、SNSでも数多く発表している。『樋口愉美子　季節のステッチ』（文化出版局）など著書多数。https://yumikohiguchi.com/

Page 18〜21

## Naoko Shimoda

**下田直子 さん**

手芸作家。手芸スクール「MOTIF」を主宰しながら、創作活動を行う。刺しゅうのほか、ニット、ソーイングにも精通し、豊かな発想から生み出される作品でファンを魅了する。『下田直子 手芸のイデー』（日本ヴォーグ社）など著書多数。http://www.mo-motif.com/

Page 30〜31,54〜56

## HIPOTA

**HIPOTA さん**

刺しゅう作家。編み物のように見える独自の刺しゅうでつくる、ユニークな〝生きもの〟の立体ブローチが人気。名前はラ行がRでなくPというロシア語の表記。著書は『HIPOTAの刺繍で作る立体ブローチ』（文化出版局）。https://hipotastitch.tumblr.com/

Page 36〜41

## Sawako Serada

**瀬良田さわこ さん**

東京・清澄白河にある北欧雑貨と日本の手工芸、毛糸を扱う雑貨店「onnellinen（オンネリネン）」の店主。お店では、毎日、使えて役に立つものや、つくり手の思いが伝わるもの、素材がいいものなどを取り扱っている。http://www.onnellinen.net/

Page 74〜75

## Fugeiten

**布芸展（束松陽子さん、福田里香さん）**

みつばちトートの束松陽子さんと、お菓子研究家の福田里香さんプロデュースによる布物プロジェクト。こぎん刺しを中心に民藝の布物を新しい視点からとらえ直し、時代を超えた「布芸」の魅力を展示会形式で紹介。著書に『こぎん刺しの本』（文化出版局）がある。

Page 72〜73

## Ui Nakabayashi

**中林うい さん**

バッグアーティスト。1999年に手づくりバッグブランド「ui」をスタート。刺しゅう、アップリケ、型染め、紙工作と幅広い手芸作品を手がける。長野県飯綱町で手芸店「malmu」を営む。『uiの刺繍ワッペン』（文化出版局）など著書多数。http://mal-mu.com/ui/

Page 50,53,68〜71

大塚あや子 さん Ayako Otsuka

## アルファベットと数字の刺しゅう

自由に書体と組み合わせを選べるのが
アルファベットと数字の刺しゅうのよいところ。
小さいステッチをほどこすだけでも、シンプルな日用品が
オリジナリティあふれるひと品に生まれ変わります。

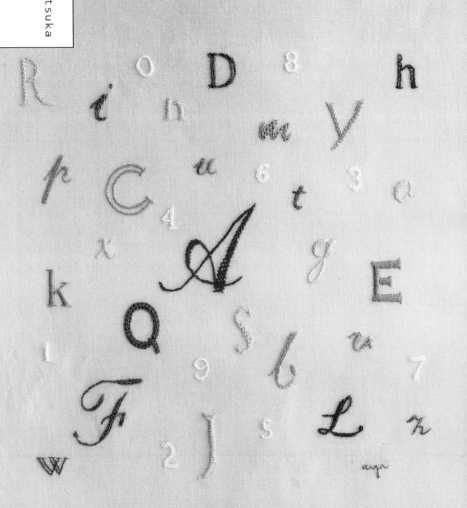

# キャンバスに絵を描くように、自由な気持ちで

26個のアルファベットは、大文字、小文字、筆記体などで印象が異なり、それぞれが個性にあふれています。同じ字でもどのステッチで描くかで表情が変わり、それが刺しゅうの魅力でもあります。「ステッチは1000種類以上ありますが、アウトライン、チェーンなど基本的なものを5種類ぐらい知っておけば十分。くねくねした線は一本の糸で繰り返して刺していけば、必ずきれいに仕上がるなど、コツを知ると、自由に楽しく表現できるようになります」

そう話す刺しゅう作家・大塚あや子さんは、伝統的な刺しゅうにオリジナルの技法を取り入れ、より簡単に要領よくつくれる技術を伝えています。「でもね、かたくるしく考えなくていいの。布がキャンバスで糸が絵の具だと思って、まずは自由に刺してみること。イニシャルだって、あや子ならAだけ刺してみるなど、できる範囲で挑戦してみる。たとえ、きれいにできなくても手づくりのものは愛着が沸くものです」。今回、大塚さんが提案してくれたイニシャルや番号の刺しゅうは、暮らしのなかで役割を果たしてくれます。家族の持ち物のしるしとして、愛用品の彩りとして、便利さとぬくもりを兼ね備えた手づくり品は、長く大切に使いたくなるものです。

## 発想のヒントは日常から

自身の刺しゅう教室で生徒さんから「色の組み合わせ方が難しい」とよくいわれるという大塚さん。「色合わせのヒントは日常生活のなかにたくさんあります。店の棚に並ぶコーヒーカップやショーウィンドーにディスプレイされている服など、プロたちがつくった商品は、色バランスが優れている。ふだんから意識して見るようにするとアイデアのストックが増えていきますよ」

現在、70歳の大塚さんはいまも変わらず感性豊かな作品を生み出し、刺しゅうの魅力を多くの人に伝えようと精力的に活動されています。「40代にがんばったことが50代につながり、50代の貯金が60代から利子としてもらえる。だから、いまも怠けていられないの。これからも無理をしない範囲で刺しゅうに打ち込んでいきたいですね」

## アイデアを効かせた布一枚のテーブルセッティング

菜の花をポイントで飾ったナプキンには
差し込み口をつくり、カトラリーをセッティング。
食卓の主役、料理の彩りを壊さないよう
イニシャルはひと文字にし、引き算の発想で上品に。

How to make **Page 126** ナプキン

差し口は、切り込みをボタンホールステッチでかがり、周りをフレンチナッツステッチで飾る

流れる文字がそよ風を呼ぶバスタオル

掛けても、たたんでもわかるように
家族それぞれの名前はリネンの端っこにステッチ。
筆記体は1本取りでていねいに刺すのが大事。
線の太い部分は、何度か繰り返せばきれいに埋められます。

How to make **Page 127** バスタオル

## ジャンルごとにマークするのが楽しいカバー

読書の秋、本の世界はだれにも邪魔されない自分だけのもの。
ミステリーは「1とa」、恋愛小説は「2とb」といったように
暗号のようにブックカバーにマークをつけ、ひそやかに物語に浸る。
目の粗い生地と厚めのステッチが織りなす、素朴さが心地いい。

How to make **Page 128** ブックカバー

数字で使った糸（6本取り）を
よってつくった紐のしおりが飾
りとなってアクセントに

# Winter

## ぬくぬくのフェルトタグに感謝を添えて

色違いのハートと番号を組み合わせたタグは
贈り物に愛きょうが加わり、もらった人も思わずにっこり。
針ですくいづらいフェルト地は、細かい図柄よりも
シンプルな数字でダイナミックに見せるのがポイントです。

How to make **Page 129** タグ

## お茶のお供に、ディナーのお供に。ランチョンマット

カトラリー、グラス、花を置く場所が、一目瞭然。さまざまなフォントを
ちりばめたカラフルな刺しゅうで、遊び心たっぷりのランチョンマットに
変身しました。文字のタッチを生かした、ステッチワークも魅力です。

How to make **Page 130〜131** ランチョンマット

## ボーダーTシャツに記念日を

覚えておきたい大切な日を、ロゴのようにデザイン。
ボーダーは、ラインに沿って数字が並べられる便利な柄。
ベーシックなTシャツが "とっておきの一枚" に生まれ変わるのも、
刺しゅうならではの楽しさです。

How to make **Page 132** ボーダーTシャツ

感謝の気持ちを贈りたい、寝具にひと言メッセージ

記したのは、フランス語で「真心を込めて」。
日々の〝ありがとう〟が一日の終わりに伝わるように。
布のナチュラルな風合いに合わせて、やさしい雰囲気のフォントを。
〝線〟と〝面〟のステッチで、リズミカルに。

How to make　**Page 133** ベッドカバー

## 愛する人に、思いをさりげなく伝えるデザイン

面と向かっていうのは照れくさいけど、
刺しゅうなら"今日の気持ち"をさりげなく表現できそう。
仏語で"yes"と"no"を、水玉模様に溶け込むような控えめな色合いで。

How to make **Page 132** ピローケース

## 手帳に私の、ルームシューズに親子のしるし

ビニール素材の手帳カバーに刺しゅうする、新鮮なアイデア。
ビニールがかたくならないよう、暖かな部屋で作業を。フェルトの
ルームシューズは立体感のあるステッチで、ボリュームを出しています。

How to make **Page 134** 手帳カバー・ルームシューズ

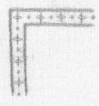
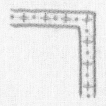

# 春

## Spring

クロスステッチやブラッドソムなど
春の訪れへの喜びを込めた北欧の刺しゅう。
そして、チョウチョや鳥、デイジーにアネモネなど
春らしい動物や植物のモチーフを集めました。
刺しゅうをクッションやチャームに仕立てて部屋を彩ったり
ブローチやバッグに仕立ててお出かけしたりしてみませんか？

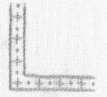
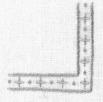

樋口愉美子 さん Yumiko Higuchi

## 春を呼ぶ刺しゅうのブローチ

繊細な図案とシックな色合わせで人気の樋口さんの刺しゅうを、ブローチに仕立てました。
洋服や小物にコーディネートすれば、存在感のあるワンランク上の装いに。
生き生きとした植物やパターンのモチーフは、軽やかな春の装いに彩りを添えてくれます。

## 椿とデイジーのブローチ

春を待ちわびていたかのように、勢いよくすくっと伸びた椿とデイジーのオーバルブローチ。全体的に色味を抑えることでクラシカルな印象に。花びらと茎はていねいに刺し、埋めていきます。ブローチを完成させてから周りにパールなどの好きなビーズで縁取りすれば、可憐で上品な仕上がりになります。

How to make Page 79~81

**帽子に合わせて**

# 7種のステッチと
# しましまのブローチ

刺しゅうの基本ステッチを楽しくレッス
ンしながらつくれるユニークなブローチ。
石のようないびつな形の土台に7種類の
ステッチを、色を替えながら刺していき
ます。絶妙な色合わせのしましまブロー
チは、サテンステッチの間にチェーンス
テッチを刺すことで、サテンステッチの
立体感がより一層際立ちます。

How to make **Page 79~81**

バッグに合わせて

樋口愉美子さん | **19**

## 鳥と木とチョウチョの
## 丸ブローチ

春を呼ぶ動物や植物をモチーフに刺しゅうを施しました。刺しゅう糸や布にはやさしいピンクを選んで、春らしさを表現。葉などの模様に使われているボリュームのある楕円は、レゼーデージーステッチの上からストレートステッチを刺して描いています。平面的なブローチも、ステッチで立体感を出すとぐっと華やかに。

How to make **Page 79~81**

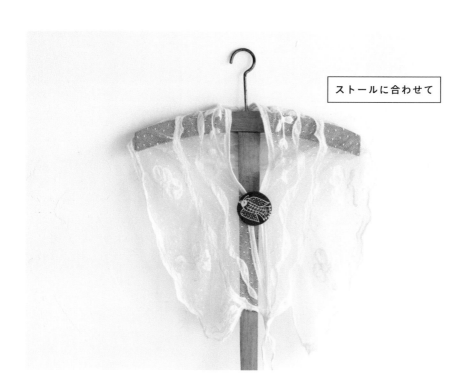

ストールに合わせて

洋服に合わせて

道端に咲いた小さな花が、「こんにちは」。
チョウチョがうれしそうに空を舞い、
動物たちも活発に動きだします。
季節の変わり目のなかでも特別に心が躍る春と、
北欧の思い出をテーマに、佐藤ちひろさんが
刺しゅうをほどこしてくれました。

## ランチョンマットに
## アネモネ

"春"と聞いて一番、印象に残っているの
は、5年間留学していたデンマークで迎
えたいくつもの風景という佐藤さん。留
学中、郊外に向かう電車の中から見た、一
面を真っ白にして咲いていたアネモネの
花畑がデザインソース。リネンのランチ
ョンマットに可憐な花が咲きました。フ
レンチノットの縁飾りでかわいらしさを。

How to make Page 82〜83

葉は緑の糸1本取り、長い茎は
微妙な色違いの2本取りで

## コースターに
## 青い小鳥

ランチョンマットと同じ布のコースター
に、ふっくらした青い小鳥を。森が身近
にあって、季節の移ろいを肌で感じられ
る、北欧の国々では、春になると鳥たち
がいっせいに歌いはじめ、朝の目覚めを
迎える……という毎日だったそう。少し
ずつ濃くなっていく緑の森で、元気に歌
声を披露している姿が想像できます。

How to make Page 82~83

小枝と葉は、横方向に刺しゅう
をして、小鳥の止まり木風に

## ランチョンマットに
### うさぎ

冬の長い北欧では、少しずつ日が長くな
ると、春が近い、と皆がウキウキしはじ
め、街は、イースターの準備に。シンボ
ルであるうさぎのグッズなどがたくさん
出まわるそう。そこで、萌黄色のコット
ンのランチョンマットに、小さなうさぎ
を一匹。周りの小花の色は、イースター
のシンボルカラーである黄色で。

How to make Page 82～83

実際の毛並みに沿って、上か
ら下に針を進めていくのがコツ

## コースターに
### うさぎの後ろ姿

長い脚に丸いしっぽがかわいい、ピョン
と跳ねているうさぎの後ろ姿がモチーフ。
佐藤さんが刺しゅうをするときに大切に
していることは、動物の毛並みの流れや
顔の表情など、細かい部分をあれこれ想
像して刺していくこと。すると自然と立
体感が出てくるのだそう。小さな刺しゅ
うでも、ぐっと存在感のある仕上がりに。

How to make　Page 82~83

母から娘、そして家族へと受け継がれる北欧の刺しゅう。
長い冬を少しでも明るく過ごそうと春を待ちわびる思い、
光あふれる季節の訪れへの喜びが込められているそう。
kicca さんは、そんないとおしさを、
いつもそばにあるからこそ大切に使いたい
布小物にあしらってくれました。

Atelier

アトリエに

## 針刺し

「子どもっぽくならないように、幾何学模様で表現したくて」と頭に浮かんだ小鳥は、「ランニングステッチ」で織物風に。刺し終えたら、布の周囲を縫ってわたを詰めるだけの簡単手づくりです。

How to make **Page 89**

## ふた付きのかご

スウェーデンに伝わる織物の柄を、「クロスステッチ」で表現。バルサ材（または厚紙）を挟み、もみの樹皮で編んだかごの持ち手にひもで固定すれば、両脇から開閉するふた付きのオリジナルに。

How to make **Page 84～85**

# Living

リビングに

## クッション

古い織物を参考にアレンジした模様を対
称的に配し、まるで織物のように仕上が
る「織り刺し」で表現。太くて柔らかい綿
糸を使っているので、刺しゅうに膨らみ
が出て、布地にニュアンスが加わります。

How to make Page 86〜87

Kitchen

キッチンに

## トレイ掛け

北欧では一般的に使われているというトレイ掛けに、スウェーデンの伝統的な刺しゅう技法「プラットソム」を施して。縁を囲む「フォーサイドステッチ」は、布と同色の糸でさりげなく。

How to make **Page 88**

# 織物のように楽しむ
# クロスステッチの繰り返し図案

格子状の布のマス目に × をつけるように刺しゅうをするクロスステッチ。
図案を連続して施すと、無地の布が織り柄の入ったもののように変わります。
3人の手芸家に、暮らしを彩る図案を教えてもらいました。

下田直子 さん Naoko Shimoda

赤と黒の伝統図案

リズムが美しい伝統的な図案を教えてくれたのは、独創的なデザインや
洗練された色づかいで、ファンを魅了する下田直子さんです。

## サンプラー

古いフランスの伝統図案をアレンジし、
赤と黒の糸だけで、薄いウール生地に記録しているそう。
見ているだけで、心が凛とするようです。

How to make Page 90

ミニバッグに

サンプラー（P.30）の下から2番目の図
案をアレンジしたもの。カットした布に、
刺しゅうをしてからバッグに仕立てます。
テープの持ち手は、お好みで。

How to make **Page** 91

青木恵理子 さん Eriko Aoki

# シンプルモチーフの図案

シンプルで使い勝手のよいデザインに定評がある青木恵理子さん。
並べたり、組み合わせたりなど、応用の幅が広い図案が出そろいました。

## サンプラー

シンプルなモチーフ柄は、横に連続すれば、リボンのようになり、
面に配置すれば、テキスタイルのようにも。
ドットやイカリ、チェックや縞など、はっきりした図案がそろいました。

How to make **Page 92**

## iPhone ケースに

均等に穴があいた iPhone ケース（手芸
メーカー DMC 製）に刺しゅうしたもの。
花とドットのモチーフを組み合わせれば、
にぎやかなオリジナル柄に。

How to make **Page** 93

## kicca さん Kicca

動物と昆虫と植物の図案

幅広いお国柄の、かわいくて、どこか面白いものの
コレクターでもある、kicca さんらしい、スパイスの効いた図案です。

## サンプラー

一見すると、幾何学模様のように見えるけれど、
よく見れば、鳥や猫のモチーフという
さりげないかわいさとユニークさをもつ図案たち。
シックな色と鮮やかな色の糸を、ほどよく配しています。

How to make **Page 94**

ポーチに

左側のサンプラー（P.34）の左下の図案
を繰り返して施したもの。濃い色の布地
に明るい色の糸で刺しています。余り糸
でつくったポンポンもポイント。

How to make **Page 95**

「編み物?」と思うような
刺しゅうでつくられた、立体モチーフ。
そこに、金具やワイヤー、ひもを付けて
暮らしに取り入れるアイデアを紹介します。

### idea 1 髪飾りに

モチーフの裏にアクセサリーパーツのコーム、バレッタ、ヘアピン
をそれぞれ縫い付け、髪飾りに。「ほかにも、かんざしやパッチン
留めなど金具が豊富。何をつくるかアレンジを考えるのも楽しい」

### idea 2 カーテンタッセルに

カーテンタッセルのワイヤーやひもに付けるだけ。
チョウチョのモチーフを添えれば、殺風景な窓辺
が華やかになります。「触角のワイヤーが光を浴び
てキラキラするので、晴れの日は一層華やか」

### idea 3 観葉植物に

モチーフにワイヤーを付けて観葉植物の鉢植えに
刺せば、チョウチョがとまっているような演出に。
モチーフの羽や土台のワイヤーの角度を変えて、
自分なりに表情をつけられるのもうれしい。

使ったのは
## チョウチョ のモチーフ

凸凹がないタイプだから、比較的
簡単につくれるというチョウチョ
のモチーフ。刺しゅうをした羽の
周りにワイヤーを添わせて、くる
んでいるから、羽を閉じたり開い
たり、好きに表情をつけられます。
「図鑑を見ながら、羽の柄や色を
アレンジしてもいいですね」

How to make

**Page 96~97**

### idea 1　プレゼントに

19世紀のイギリスでは、ツバメは幸せのシ
ンボルとして、人気があったのだそう。大
切な人に贈るプレゼントに添えて、そっと
思いを託します。「ツバメが幸せも一緒に届
けてくれそうでしょう？」

### idea 2　サシェに

「飛んでいる形をぶら下げたらかわいいな」と思いついたアレンジがサシェ。ひもを付けて、モチーフの胴の部分に好きなアロマオイルを垂らすだけ。洋服に素敵な香りを運んできてくれます。

### idea 3　ブローチに

HIPOTAさんの作品の定番、ブローチにアレンジ。ストールやトップスのポイントにすると、いつもの服や小物が新鮮に映ります。落ち着いた紺色は、普段使いから、お出かけまで、幅広く使えそう。

### 使ったのは
## ツバメのモチーフ

大きさを変えてつくった大、小のツバメのモチーフ。胴の部分はフェルトの上から刺しゅうをして膨らみを出しています。ポイントは輪郭線をずらさず刺すこと。「ステッチが不ぞろいでも輪郭さえ合っていれば、あとから形を整えられるので、難しく考えずにつくってほしいです」

How to make
**Page 98~99**

### idea 1　マスコットに

それぞれのモチーフに市販の金具を付け
れば、バッグチャーム、ストラップ、キー
ホルダーに変身。どれをどこに付ける用
にするのか悩んでしまいそう。小さめなの
で、お子様の"うちのこマーク"としても。

## idea 2　マグネットに

マグネットを後ろに貼るだけ。冷蔵庫やスチール製の家具などに付けられるので、ちょっとしたメモを貼ったりするのに便利。「マグネットの代わりにピンを付けても。使える場所が広がりますね」

## idea 3　ランチベルトに

ランチケースのふたをしっかり留めるランチベルトのワンポイントに。お弁当を食べる時間はもちろん、朝のお弁当づくりの時間も楽しくなりそう。「何個かつくって、気分で毎日、替えても楽しそう」

## 使ったのはバナナ、リンゴ、お豆のモチーフ

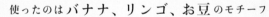

皮をむいたバナナ、ひと口かじったリンゴに、さやがはじけたお豆。整った状態ではなく、あえて表情を変えているのがユニーク。「フェルトを入れて膨らませるこのタイプは、糸を強めに引っ張りながらつくるときれいです」

How to make **Page 100～101**

# 刺しゅう糸いろいろ

25番以外にも5番や8番、花糸やタペストリーウールなど、
刺しゅう糸だけでも種類がいろいろ。
そこで、この本の作品に使用した刺しゅう糸を中心に、紹介します。

## 25番刺しゅう糸

色数が豊富で、幅広く使われる綿刺しゅう糸。ゆるく束ねられている6本を分けた各々1本が25番の糸で、必要な本数を合わせて使います。メーカーが違うと色番も違うため、購入の際は注意。左からコスモ、オリムパス、アンカー、DMCのもの。

## 12、8、5、3番刺しゅう糸

2本の糸をより合わせた綿刺しゅう糸。1本のまま必要な長さに切って使用します。12番と8番は玉巻き（左）、5番と3番はカセ巻き（右）で販売されています。番号は、1gあたりの長さのことで、番号が大きくなるほど、糸は細くなります。

## 越前屋マタルボン、ソフト刺しゅう糸、花糸、こぎん糸

ともに、つや消しでやさしい色合いの木綿糸。やわらかさやよりの加減などが微妙に違うものの、特有の風合いが得られます。花糸（中右）以外は、何本かの細糸がゆるくよられており、25番刺しゅう糸のように、必要な本数を合わせて使用します。

## タペストリーウール、毛糸

タペストリーウール（左、中）は、毛糸刺しゅうに使われるウール刺しゅう糸。並太毛糸ほどの太さがあり、分けられない糸のため、そのまま使用します。また、本書では、市販の毛糸（右）や、モヘア刺しゅう糸も刺しゅうに使用しています。

---

### ＼針も大切／

刺しゅう布の素材、糸の太さや本数に合わせて針を使い分けると仕上がりがぐっとよくなります。写真左から、先のとがった「フランス針」、先がとがって太い「とじ針」、先が丸い「クロスステッチ針」、細くて長い「こぎん針」です。針は、号数が大きくなるほど細くなります。

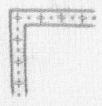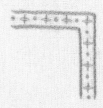

# 夏

## Summer

暑さが増すこの季節には、
まるでレースのような透かし模様を描く、
涼しげな〝抜き糸刺しゅう〞がおすすめです。
ワンポイントで、ハンカチに自分らしさを加えるアイデアや、
外遊びが盛んになるこの時期にぴったりな、
子どもも一緒に楽しめる、繕いの刺しゅうアイデアも紹介します。

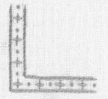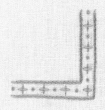

大塚あや子 さん Ayako Otsuka

彩りの抜き糸刺しゅう

ドロンワークとも呼ばれ、西欧の各地に古くから伝わる抜き糸刺しゅうは、
布の織り糸を一部分だけ抜いて、リズミカルに縁をかがる技法です。
シンプルな洋服や小物に手仕事のやさしさを添え、
彩る楽しみを大塚あや子さんに、教わりました。

## サンプラー

シンプルで上品な透かし模様が魅力的。
P.45〜49の作品に施したのは、このサ
ンプラーの基本的な7技法をそれぞれ応
用したものです。サンプラーとその刺し
方を参考に刺しゅうしましょう。

How to stitch — Page 102〜104

a はしごヘムかがり
b ジグザグヘムかがり
c 結びかがり
d シングルツイステッドかがり
e クローバーかがり
f 菊かがり
g ウィールかがり

ハンカチに
マルチクロスに

使用ステッチ（ハンカチ）→ ⓒ、ⓔ
　　　　　（マルチクロス）→ ⓓ、ⓖ
ハンカチには、結び目がかわいいⓒと、ク
ローバーモチーフのⓔの技法を使い、ワン
ポイントの刺しゅうを。マルチクロスは、
ⓓとⓖの技法を組み合わせて、ぐるりと一
周ステッチした、おしゃれな作品です。

How to make Page 105

大塚あや子さん | 45

使用ステッチ→ ⓒ、ⓕ

涼しく、夏の部屋着にぴったりの黒のリ
ネンパンツには、布と同色の糸で刺しゅ
うするとシックな雰囲気に。結び目をつ
くりながら糸を渡すⓒと、4つの花が咲
いたように見えるⓕの技法を使い、ワッ
ペン感覚で、さりげなくアクセントを。

How to make Page 105

パンツに

使用ステッチ→ⓓ

こちらも部屋着のショートパンツ。波をモ
チーフにしたようなⓓの技法で、両脇の一
部分を白糸で刺しゅうしたら、清楚なかわ
いらしさがプラスされました。

How to make **Page 106**

**シャツに**

**使用ステッチ（前立て脇）→ ⓐ、ⓑ、ⓓ （ハート）→ ⓐ、ⓑ**
メンズライクなシャツも、前立ての脇に模様を入れることでガーリーな印
象に。ⓐ、ⓑ、ⓓの技法で、長さを変えて施し、アシンメトリーなバラン
スを楽しみました。腰の部分にはぐし縫いとボタンホールステッチでハート
をかたどり、ⓐとⓑの技法を等間隔で交互に刺しゅうしてボーダー模様に。

How to make **Page 106**

## ストールに

**使用ステッチ→** ⓔ

定番アイテムのストールは、抜き糸刺しゅ
うをしやすい、粗い布目のものが豊富。布と
同色のすみれ色の糸でⓔの技法をアレンジ
した花モチーフを添えれば、心もうっとり
和らぎそう。大きめの図柄の場合は、市販の
刺しゅう枠を使うと、仕上がりがきれいに。

How to make **Page 106**

# 子どもも大人も楽しめる
## 繕いのための刺しゅう図案

衣類や小物にできてしまった穴。隠すのではなく、
そこを利用してチャームポイントにしませんか？
そのひとつのアイデアが「刺しゅう」。
3人の作家さんに、図案と、その繕い方法を教えてもらいました。

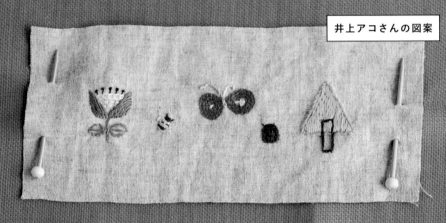

井上アコさんの図案

kicca さんの図案

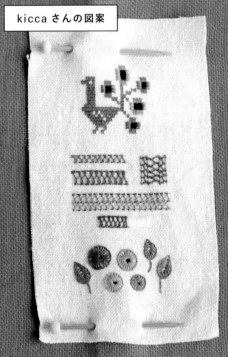

中林ういさんの図案

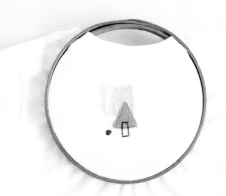

## Tシャツの
## ひっかけた穴と泥汚れに

汚れには、はぎれを縫い付けてカバー。サイズアレンジのしやすいてんとう虫は、冬物ニットの虫食い穴にもおすすめ。

ミニてんとう虫は直径5
mmにアレンジ

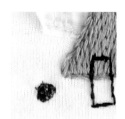

井上アコ さん
Ako Inoue

ノスタルジックで愛らしい刺しゅうと、柔軟な感性が魅力の井上アコさん。教えてくれたのは、穴を刺し埋める気軽なアイデアです。

How to make **Page 107**

## ペンケースのカッターで
## できたうっかりキズに

カッターの刃などでできてしまったキズにも繕いはおすすめ。シックなペンケースが、キュートな刺しゅうで、愛着のわく一品に。

北欧の刺しゅうにヒントを得て、かわいらし
くも美しい作品を生み出す kicca さんのア
イデアは、手仕事の楽しさを感じられます。

How to make **Page 108**

## ハンカチの複数の穴に

虫食いなどであいた複数の穴を利用し、花
のモチーフに。シンプルな図案は、布と同
系色の糸を選ぶとキレイにまとまります。

## ワンピースの擦り切れに

擦り切れた洋服の衿まわりや袖口は、サテ
ンステッチで繕ったあとに、飾りステッチ
を。フォークロアの香り漂うワンピースに。

飾りステッチの端にはフ
レンチナッツステッチを

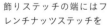

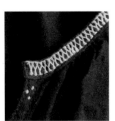

## 帽子の裂けた縫い目に

本物のセミが帽子に止まっているように見える、裂け目や穴の、繕いアイデア。街行く人の目も楽しませてくれそうです。

中林うい さん

Ui Nakabayashi

繊細で緻密、そしてユーモアのある刺しゅうに定評のある中林ういさん。男の子が夢中になりそうな昆虫の図案を教えてくれました。

How to make **Page 109**

## ポロシャツのバッジの刺し穴に

バッジの穴や、食べこぼしのシミ。子ども服によくあるダメージをカバーするように赤とんぼを刺しゅう。初秋の訪れが待ち遠しい。

下田直子 さん Naoko Shimoda

## ハンカチで始める、刺しゅうの愉しみ

刺しゅうを刺すときのコツは、なによりも自分らしさだ、
と手芸作家・下田直子さんはいいます。
そこに少しの工夫を加えることで、ぐっと素敵になる。
手軽に始められるハンカチ刺しゅう。
自分らしさを加える3つのアイデアです。

## idea 1 モチーフでポイントを

「愛らしいワンポイントモチーフは、刺しゅうの手始
めにぴったり。サテンステッチを中心に、ベーシック
なステッチを組み合わせた初心者にも挑戦しやすい図
案です。刺しゅうの面白さは、糸の太さや刺す分量で
いろんな質感を表現できること。やり方を覚えたら自
分の好きな図案をいろいろ試してみてください」

How to make　**Page 110**

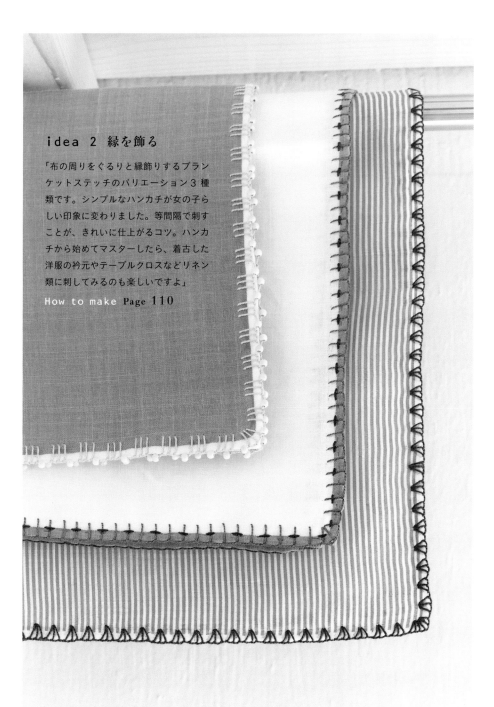

# idea 2 縁を飾る

「布の周りをぐるりと縁飾りするブラン
ケットステッチのバリエーション3種
類です。シンプルなハンカチが女の子ら
しい印象に変わりました。等間隔で刺す
ことが、きれいに仕上がるコツ。ハンカ
チから始めてマスターしたら、着古した
洋服の衿元やテーブルクロスなどリネン
類に刺してみるのも楽しいですよ」

How to make Page 110

# idea 3 プリントに沿って

「こちらはハンカチのプリントを生かしたステッチワーク。規則性のある柄のなかに、遊び心を加えてみました。おなじみのギンガムや水玉に沿って刺すだけなのに、新鮮な印象になるのが面白い。各々2種類の糸を使いますが、両方またはどちらかにハンカチと同系の色を選んだら不思議な視覚効果が生まれました」

How to make **Page 110**

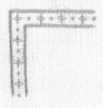
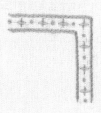

# 秋

## Autumn

少しずつ気温が低くなってくると、本格的な秋。
澄んだ青空の下、凛として咲く草花や、徐々に色づく紅葉など、
趣のある秋の風景を、光沢が美しい日本刺しゅうで表現。
ポーチやショールなど身近なアイテムに施しました。
あったか小物には、クロスステッチでワンポイントを。
寒くなるこれからの季節の準備を始めましょう。

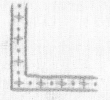
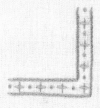

着物や帯に文様を描くことで栄えた日本刺しゅう。
絹糸と正絹の生地で織りなす世界が
つややかな輝きを放ち、秋を彩ります。
草花、雲、水といった
日本らしい自然の中にあるモチーフを
色の濃淡で、情緒的に表現。

**ポーチに**

**赤く染まるモミジ**

濃い緑から黄緑に変わり、鮮やかなオレ
ンジに色づくさまを、繊細な絹糸で見せ
ていきます。葉脈に金糸をほどこすこと
で、あでやかな光をまとったモミジに。
布は帯地を使用。厚手なので初心者でも
刺しやすく、美しい仕上りになります。

How to make **Page 112~113**

## ショールに
# キキョウの丸紋

夏の面影を残す清々しいキキョウがワン
ポイントになったショール。白地の紬と合
うよう、薄紫、水色、白といった淡いトー
ンで統一しました。花びらの縁などに金
糸を部分的に刺すことで、日本刺しゅうら
しい、きりっとした美しさが際立ちます。

How to make **Page 111**

ふっくらとしたあたたかみを出すた
め糸は2本取り。紫色の花びらは濃
淡を変えることで表情豊かに

ふくさ
**袱紗に**

# 秋の七草の
# ナデシコとハギ

さわやかな水色の格子模様の布に、愛ら
しい野花、ナデシコとハギを描いた袱紗
は、やさしい色合いがあたたかな日だま
りのよう。木綿ではなく、絹糸を使う日
本刺しゅうだからこそ、カジュアルにな
りすぎず、品のあるつやが目を引きます。

How to make **Page 114**

## フレームに
## 流水と雲で引き立つ
## キクの花

キク、流水、雲取りといった古典柄をきら
びやかに映し出したクラシカルな一枚。
白、アイボリー、金茶の糸を用いて、秋の日
が当たる様子を4段階のグラデーション
で表現。刺しゅうをほどこした正絹は1
辺20cmのコンパクトさで気軽に飾れます。

How to make **Page 115**

沖 文さん | 61

大塚あや子 さん *Ayako Otsuka*

だから楽しい、クロスステッチ

シンプルな "×" のステッチひとつで、
文字も、絵も自由に描くことができるクロスステッチ。
手軽さも魅力ですが、アイデア次第で、その可能性は無限に広がります。
そんなクロスステッチの楽しみを、
きれいに仕上げるポイントとともに教えていただきました。

## サンプラー

上から時計回りに、りんご（小）、ねこ、バラ2種、りんご（大）、マッチ、ろうそく、雪の結晶
の柄のミトンの図案をクロスステッチで刺したサンプラー。P.63 〜 65 の作品に応用しています。

How to make **Page 116~117**

## サイズを変えて

正方形の模様のギンガムチェックは、クロスステッチにぴったり。マス目を小さく
すれば精密なタッチに、大きくすればラフな印象に。チェックのマス目の大きさに
よって、同じ図案のりんごでも、サイズもイメージもこんなに違ってくるのです。

### POINT 1

**マス目が数えられない布は
抜きキャンバスを使って**

チェック柄や織り目のはっきりした布は、マス目が数えやす
く、クロスステッチにおすすめです。でも、フェルトなど目
の数えにくい布に刺したい、ということも。そんなときは、
抜きキャンバスを使えば大丈夫。使い方も簡単です(P.140参
照)。好きな布と好きな図案を自由に組み合わせて、楽しんで。

## 楽しみ 2　図案を分ける

ニットのスパッツには、ミトン柄をステッチ。裾の雪の結晶
は、ミトンの模様だけをピックアップしています。イラスト
の一部だけを選べばふたつの模様のでき上がりです。

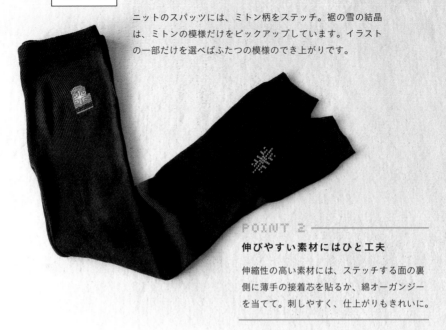

### POINT 2
**伸びやすい素材にはひと工夫**

伸縮性の高い素材には、ステッチする面の裏
側に薄手の接着芯を貼るか、綿オーガンジー
を当てて。刺しやすく、仕上がりもきれいに。

## 楽しみ 3

### 方向や糸の本数を変えて

棒状のイラストは、角度に変化をつけて
並べると表情が豊かに。
使う糸の本数を増やして、ロウソクの炎
をふわっと立体的に。
こんな遊び心も大切です。

## 楽しみ 4

### 位置をアシンメトリーに

対のものも違う位置にステッチすることで、
アンバランスなかわいらしさが楽しめます。
バラの重なった花びらのフレームを
バックステッチでとることで、はっきりした印象に。

## バックステッチでかたどる

編み目の大きなニットなら、編み目をマス目と
考えて。バックステッチでラフにラインを描き、
アクセントにクロスステッチでリボンを刺すの
も素敵です。クロスステッチの図案の輪郭を縁
取るだけで、手軽にできる楽しみです。

POINT 3 ────────

## よりきれいに仕上げるなら
## 刺しゅう枠を利用して

刺しゅう枠を使うと、布をピンと張れるた
め、刺しゅうがしやすいだけでなく、仕上
がりにも差が出ます。刺しゅう枠のサイズ
は大小いろいろありますが、初心者には直
径 10 〜 12 ㎝のものが使いやすいのでおす
すめ。ただし、必要以上に布を引っ張りす
ぎると、布目が曲がってしまうので注意して。

# 何が違う？　フランス、北欧、日本刺しゅう

フランス刺しゅうは知っているけど、
北欧刺しゅうや日本刺しゅうは知らないし、難しそう……。
そんなことはありません。実は、基本の技法は同じなのです。

## 名前や素材は違えど、
## 基本の技法は同じ

古くから、各々の地に暮らす民族
は、さまざまな形で刺しゅうを発
展させてきました。豊富な色糸と
ステッチの使い方が美しいフラン
ス刺しゅう、主に粗い布の織り目
を利用する北欧刺しゅう、絹独特
のつやや光沢が魅力の日本刺しゅ
うなどが代表的です。地域により、
図案や材料に違いがある刺しゅう
ですが、ときに絹の道を通じて広
がったためか、同様の技法を残し
ています。おおむね、それぞれの
ステッチは、フランス刺しゅうの
基礎的なものやその応用なのです。

日本刺しゅうとフランス刺しゅうで、呼び名こそ違う
が、技法としては、ほぼ同じ。たとえば、日本刺しゅ
うの「縫い切り」（左）とフランス刺しゅうの「サテ
ンステッチ」（右）。両方とも糸を渡して面を埋める。

## 糸も自由に代用して
## 手軽に楽しむ日本刺しゅう

この本で使用した日本刺しゅうの糸とともに、
手軽なフランス刺しゅうの糸への代用例をご紹介。

### 絹糸（釜糸）／左
### 代用例：アブローダー／右

日本刺しゅうで使用する絹糸は、釜糸（左）と呼ば
れ、よりがかかっていません。通常は手でよりを
かけて使用しますが、技術が必要なため、本書では、
釜糸のまま使用しています。代用は、よりのかかっ
た綿アブローダー25番手（左）を。

### 金糸／左
### 代用例：ラメ糸、ディアマント、
### パールメタリック糸／右上から

金糸（右）とは、芯になる糸に細く裁断した、テー
プ状のフィルムをらせん状に巻きつけたもので、
さまざまな太さがあります。代用は、ラメ糸やメ
タリック糸（左）を。金に着色されたポリエステル
などでつくられ、こちらも太さが選べます。

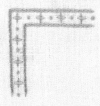
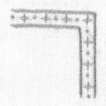

# 冬

## Winter

寒さが厳しくなる冬には、ふんわりとやわらかな毛糸を使い、
セーターやベスト、マフラーなど、
毛糸と相性のよい、あったか小物に刺しゅうをしました。
色や質感も豊富なので、糸選びもひそかな楽しみ。
やさしい色合いと、ふっくらとした立体感は、
心まであたためてくれるようです。

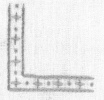
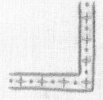

中林うい さん

ui Nakabayashi

# モチーフをつなげて楽しむ毛糸の刺しゅう

家にある見慣れたアイテムを毛糸の刺しゅうで彩ってみませんか。
ひとつのモチーフを連続して使う図案なので、モチーフ同士を組み替えたり、
大きさを変えたりなど、土台の大きさに合わせて自由にアレンジができます。

ベレー帽に

**＊ワンポイントアドバイス**

図案は、原寸サイズ以下にはしないこと。毛
糸では太すぎて絵を表現するのが難しくなり
ます。毛糸はよりがほどけやすいので、針を
指先で回してよりをかけながら刺すのがコツ。

## 木の実と鳥のモチーフ

帽子をぐるりと囲む木の枝と、ぷっくりした小鳥。
思わず顔がほころぶモチーフも、枝の緑色を2色使い、
交互に入れ替えることで立体感が生まれ、表情に深みが。
暗めの色の布地なら、赤い木の実がアクセントに。

How to make Page **118**

フェルトなどの中厚地は裏
打ちいらず。フレンチナッ
ツＳは、ボリュームを見な
がら糸を巻く回数を変えて

バッグに

## りんごの木のモチーフ

毛糸ならではのもこもこ感を生かしたりんごの木は、
りんご畑をイメージしたチェック柄に。
シンプルなモチーフなので柄の布地にもしっくり合います。
モチーフを大きくして刺すなど、自由にアレンジして。

How to make **Page 119**

葉のペキニーズステッチは、
表に出る輪っかに少したる
みをもたせて。引っ張って
しぼませないように注意

マフラーに

## ヒナギクのモチーフ

可憐に咲いた花たちが、シンプルなグレーのマフラーに
ぬくもりと華やぎを添えます。美しく見えるように
花の高さに変化をつけて、奥行きを感じる図案に。
マフラーの色に合わせて花の配色を変えても素敵です。

How to make  **Page 120**

柔らかい素材に刺しゅうす
る際には裏打ちを。完成後、
余分をはがすことができる
仮接着型の接着芯が便利

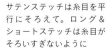

ベストに

## 鹿と草花のモチーフ

絵本から飛び出してきたような彩り豊かな刺しゅう。
これは鹿と草花を組み合わせた大きな図案を、
向きを変えて連続で使っています。バッグなどにひとつだけ
図案を使っても、鹿の部分を抜き出してつなげてみても。

How to make **Page 121**

サテンステッチは糸目を平
行にそろえて。ロング＆
ショートステッチは糸目が
そろいすぎないように

# 身近なものに、かわいくひと手間
# 毛糸の刺しゅう

少量でできる毛糸刺しゅうは、上質な素材のもの、外国製のきれいな色のもの、
編み物の余りなど、糸選びもひそかな楽しみです。
3組の方々に毛糸の刺しゅう作品を教えていただきました。

ストールに

絹とカシミアの混紡糸で、こぎん刺しの模様を施した作品。　　　　　　　　　制作：福田里香
「一年中、使えるアイテムなので、コツコツ仕上げて」と福田さん。

How to make **Page 122**

「布芸展」とは、みつばちトートの束松陽子さんと、
お菓子研究家の福田里香さんプロデュースによる布物プロジェクト。
著書『こぎん刺しの本』では、昔ながらのこぎん刺しを、
現代の暮らしに沿うシンプルで温かみのある作品に展開しています。

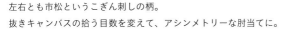

ニットに

左右とも市松というこぎん刺しの柄。
抜きキャンバスの拾う目数を変えて、アシンメトリーな肘当てに。

制作：束松陽子

How to make **Page 123**

瀬良田さわこ さん *Sawako Serada*

瀬良田さんは、「生活のなかで手づくりする喜びも」という思いから、
お店の一角で手芸材料や道具なども販売する雑貨店の店主。
きれいな色・上質な素材の毛糸で、ご自身でも手づくりされています。
今回の作品も、ご自身で編まれたものに刺しゅうしてくれました。

イヤーバンドに

模様編みと1目ゴム編みで輪に編んだイヤーバンドに、
雪の結晶のような模様を刺しゅう。バリエーションも楽しんで。

How to make **Page 123**

ベストに

ニットに

アースカラーのシンプルなベストも、
ラフなステッチがアクセントに。
色選びを楽しんで。

How to make **Page 125**

手持ちのセーターにポケットを。
靴下の繕いにも使われるメリヤス刺しゅうで、
マルチストライプに仕上げました。

How to make **Page 124**

ピンクッションに

×に糸を刺すクロスステッチをバイヤスの布に施すと、正面からは十字に
見えます。クロスステッチ布と、お好みのはぎれ少しで仕立てましょう。

How to make **Page 124**

著書『縫ったり、編んだり。』でも、テキスタイルをつくるような
刺しゅうが好きと語ってくれた、大橋利枝子さん。
どこかノスタルジックで、やさしい色合いが特徴。
どれも数時間でできてしまうような簡単なものばかりです。

大橋利枝子 さん Rieko Ohashi

バッグに

ポーチに

レゼーデージーとは、"ルーズなヒナギク"の意味。
放射状にほどこせば、シンプルなポーチも、
かわいい花が咲いたよう。

How to make Page 125

テキスタイルを考えるように、
チェックの柄にひと手間。
水色のステッチで、
メリハリあるバッグに仕上がりました。

How to make Page 125

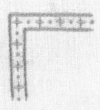
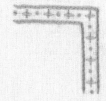

How

to

make

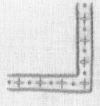

# page 18〜21 春を呼ぶ刺しゅうのブローチ

## 材料（1点分）

表布（リネン・色は図案参照）
　　──型紙よりひとまわり大きいサイズを1枚
裏布（フェルト・黒）──型紙のサイズを1枚
厚紙──型紙のサイズを1枚
ブローチピン──1個
木工用接着剤──適量
25番刺しゅう糸（色は図案参照）──各適量
ビーズ──各適量（椿とデイジーのブローチのみ）

## つくり方

※イラストは「鳥と木とチョウチョの丸ブローチ」ですが、どのブローチもつくり方は同様です。

❶布の表側に図案を刺しゅうする。裏側に型紙を
写して、縫いしろ2cmをつけて裁つ。

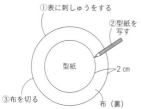

①表に刺しゅうをする
②型紙を写す
型紙
2cm
③布を切る
布（裏）

※しましまのブローチは、サテンステッチ→
チェーンステッチの順に刺す。

❷表布の端をぐるりと、ぐし縫いする。

1cm
布（裏）
ぐし縫いする

❸中央に厚紙を置いて、ぐし縫いの糸を引き、刺
しゅうが中央にくるように調整する。

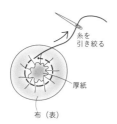

糸を引き絞る
厚紙
布（表）

❹フェルトにブローチピンを中央よりやや上の
位置に縫い付け、表布の裏に接着剤で貼る。

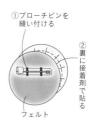

①ブローチピンを縫い付ける
②裏に接着剤で貼る
フェルト

※椿とデイジーのブローチはアウトラインス
テッチでひと針ごとにビーズを通し土台まわり
に付ける。

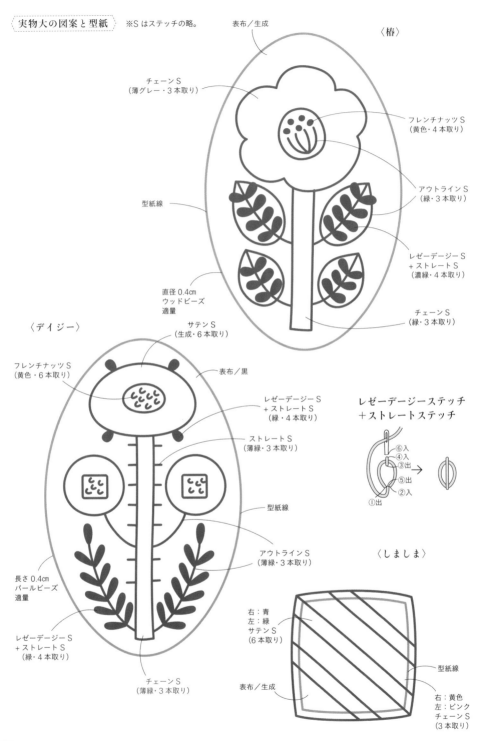

実物大の図案と型紙　※Sはステッチの略。

表布／生成

〈椿〉

チェーンS
（薄グレー・3本取り）

フレンチナッツS
（黄色・4本取り）

アウトラインS
（緑・3本取り）

型紙線

レゼーデージー S
＋ストレート S
（濃緑・4本取り）

直径 0.4cm
ウッドビーズ
適量

チェーンS
（緑・3本取り）

〈デイジー〉

サテンS
（生成・6本取り）

フレンチナッツS
（黄色・6本取り）

表布／黒

レゼーデージー S
＋ストレート S
（緑・4本取り）

ストレート S
（薄緑・3本取り）

型紙線

アウトライン S
（薄緑・3本取り）

長さ 0.4cm
パールビーズ
適量

レゼーデージー S
＋ストレート S
（緑・4本取り）

チェーンS
（薄緑・3本取り）

表布／生成

レゼーデージーステッチ
＋ストレートステッチ

⑥入
④入
③出
⑤出
②入
①出

〈しましま〉

右：青
左：緑
サテン S
（6本取り）

型紙線

右：黄色
左：ピンク
チェーン S
（3本取り）

〈7種のステッチ〉

レゼーデージー S
＋ストレート S
（生成・6本取り）

ストレート S
（緑・3本取り）

表布／グレー

チェーン S
（水色・3本取り）

レゼーデージー S
（生成・4本取り）

型紙線

アウトライン S
（青・3本取り）

ランニング S
（黄色・6本取り）

フレンチナッツ S
（赤・4本取り）

〈鳥〉
※指定以外は
アウトライン S
（生成・2本取り）

表布／濃緑

フレンチナッツ S
（生成・2本取り）

レゼーデージー S
＋ストレート S
（ピンク・3本取り）

型紙線

〈木〉
※指定以外は
アウトライン S
（生成・2本取り）

表布／薄ピンク

レゼーデージー S
＋ストレート S
（生成・6本取り）

型紙線

チェーン S
（生成・2本取り）

ランニング S
（生成・4本取り）

フレンチナッツ S
（生成・6本取り）

チェーン S
（チャコールグレー・
2本取り）

〈チョウチョ〉
※指定以外は
アウトライン S
（生成・2本取り）

フレンチナッツ S
（生成・4本取り）

サテン S
（生成・6本取り）

サテン S
（ピンク・6本取り）

表布／こげ茶

型紙線

チェーン S
（生成・2本取り）

レゼーデージー S
＋ストレート S
（薄緑・4本取り）

## 材料

**アネモネのランチョンマット**
リネン ──────── 44×31cmを2枚
接着芯 ──────── 42×29cmを1枚
25番刺しゅう糸 (色は図案参照)──── 各適量

**青い小鳥のコースター**
リネン ──────── 13×13cmを2枚
接着芯 ──────── 11×11cmを1枚
25番刺しゅう糸 (色は図案参照)──── 各適量

**うさぎのランチョンマット**
コットン ─────── 38×28cmを2枚
接着芯 ──────── 36×26cmを1枚
25番刺しゅう糸 (色は図案参照)──── 各適量

**うさぎの後ろ姿のコースター**
コットン ─────── 12×12cmを2枚
接着芯 ──────── 10×10cmを1枚
25番刺しゅう糸 (色は図案参照)──── 各適量

## つくり方

❶布1枚に刺しゅうをし、裏面に接着芯を貼る。布2枚を中表に合わせ、返し口4〜5cm(ランチョンマットは15〜20cm)を残して縫う。

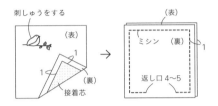

❷返し口から表に返し、返し口をまつる。アネモネのランチョンマットと青い小鳥のコースターのふちにお好みの位置でフレンチノット(フレンチナッツ)ステッチ(オフ白・2本取り)をする。

## うさぎ前の刺し方  ※Sはステッチの略。刺しゅう糸は指定以外すべて1本取り。

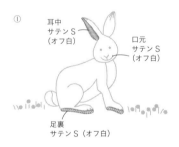

① 耳中 サテンS (オフ白) / 口元 サテンS (オフ白) / 足裏 サテンS (オフ白)

② 耳・顔・体・手足・しっぽ ロング&ショートS (グレー)

③ 胸・おなか・しっぽの内側 ロング&ショートS (ライトグレー) / 胸・おなか・しっぽの外側 ロング&ショートS (オフ白) / ※ライトグレーとオフ白の色の境界にそれぞれの糸を間に刺し入れて、ぼかすようにする

④ 鼻 フライS (こげ茶) / 花 フレンチノットS (黄色・2本取り) / 茎 ストレートS (グリーン) / 耳先 ストレートS (こげ茶) / 目 フレンチノットS (こげ茶) / 口 ストレートS (こげ茶) / 足先 ストレートS (こげ茶)

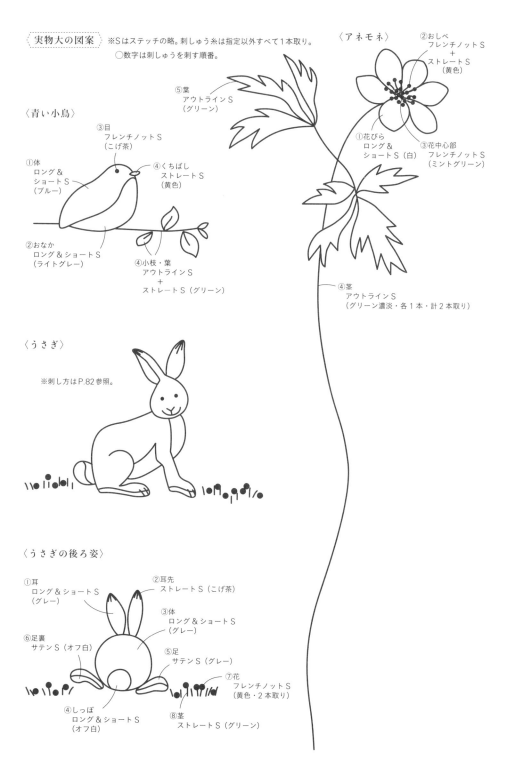

〈実物大の図案〉 ※Sはステッチの略。刺しゅう糸は指定以外すべて1本取り。
○数字は刺しゅうを刺す順番。

〈アネモネ〉

②おしべ
フレンチノットS
＋
ストレートS
（黄色）

⑤葉
アウトラインS
（グリーン）

〈青い小鳥〉

③目
フレンチノットS
（こげ茶）

④くちばし
ストレートS
（黄色）

①体
ロング＆
ショートS
（ブルー）

①花びら
ロング＆
ショートS（白）

③花中心部
フレンチノットS
（ミントグリーン）

②おなか
ロング＆ショートS
（ライトグレー）

④小枝・葉
アウトラインS
＋
ストレートS（グリーン）

④茎
アウトラインS
（グリーン濃淡・各1本・計2本取り）

〈うさぎ〉

※刺し方はP.82参照。

〈うさぎの後ろ姿〉

①耳
ロング＆ショートS
（グレー）

②耳先
ストレートS（こげ茶）

③体
ロング＆ショートS
（グレー）

⑥足裏
サテンS（オフ白）

⑤足
サテンS（グレー）

⑦花
フレンチノットS
（黄色・2本取り）

④しっぽ
ロング＆ショートS
（オフ白）

⑧茎
ストレートS（グリーン）

83

## page 27　ふた付きのかご

### 材料

刺しゅう用リネン（12目／cm・グレーイッシュなブルーグリーン）
……25×30cmを2枚
フェルト（グレー）……16.5×21.5cmを2枚
ブレード……2.5cm幅を26cm（かごの持ち手より、やや幅広のもの）
バルサ材a、または厚紙（厚み0.5cm）……17×22cmを2枚
バルサ材b（厚み0.5cm）……2×21cm（かごの持ち手の幅×本体の幅）
ひも……約0.2cm幅を適宜
花糸（茶色）……2束
かご（もみの樹皮製）……36×21×12cm（持ち手の幅2cm）を使用
両面テープ、手芸用接着剤

### つくり方

❶図案を参照して、リネンに刺しゅうをする。糸を1本取りにして2×2目（布目の縦横2目ずつを1マスと考える）の「クロスステッチ」（P.85参照）。

### 図案

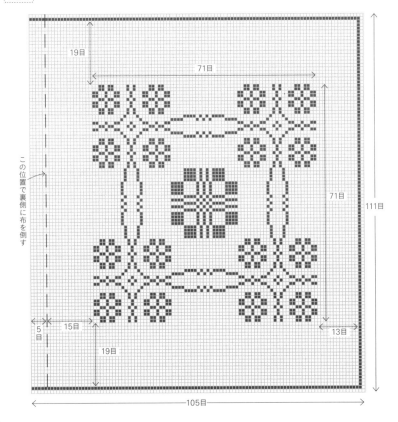

84

❷表バルサ材a（または厚紙）の四つ角を少し切り落とし、片面に両面テープを付けて①を貼る。持ち手側の1辺に、ひもを通す。

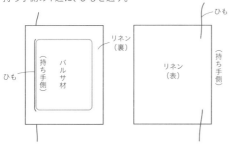

❸②の裏に両面テープを付け、布端を裏に折って貼る。布の浮きは、手芸用接着剤で付ける。

❹フェルトの四つ角を少し切り落とし、4辺の端に手芸用接着剤を付ける。③の中央に貼れば、ふたの完成。

❺バルサ材bにひもとブレードを重ねて、手芸用接着剤で付ける。

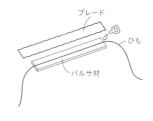

❻かごの中央（持ち手の下）に⑤を据え置き、かごの内側まで伸びた持ち手にひもを巻いて結ぶ。しっかり付けたい場合は、手芸用接着剤を付ける。

❼ふたを⑥と同じ部分にひもでしっかりと巻いて結び、かごに固定する。

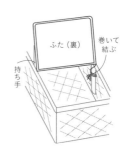

〈クロスステッチ〉

糸を規則正しく交差させながら刺していく。ひとつずつ刺す方法と、一列ずつ往復する方法があり、×の上側にくる糸が同じ向きになるときれい。

〈ひとつずつ刺す方法〉
横に進む場合

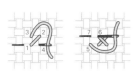

縦に進む場合

斜めに進む場合

〈連続して刺す方法〉
横に続けて刺す場合

# page 28 **クッション**

## 材料

平織りのコットン（9目／cmで目の詰まっていない
もの・生成）⋯⋯⋯⋯72×36cmを2枚
手芸綿⋯⋯適量
ソフト刺しゅう糸4番（カーキ、ピンク、グレー、グリーン、
ブルー）⋯⋯各適量

## つくり方

❶図案を参照し、コットン地1枚に刺しゅうをす
る。糸を1本取りにして「織り刺し」（P.87参照）。
※糸は50～55cmにあらかじめ必要本数を切っ
ておくと便利。織り目一列に1本の糸を通すが、
つれないようややゆるめに刺すとよい。残りの1
枚と中表に合わせ、フリンジ部分を残して上下の
端を縫う。下端は返し口を8cmほど残す。

❷表に返し、刺しゅうから11cm外側のラインを
両脇とも縫い合わせる。

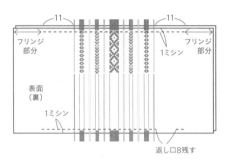

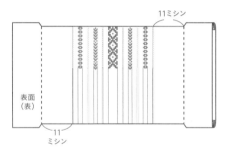

❸②の縫い目から外側の経糸をすべて抜き、フ
リンジにする。フリンジのみをぬるま湯につけて、
織り跡を手でのばして乾かす。フリンジを24等
分にする。それぞれの根元を結び、好みの長さに
切りそろえる。

❹手芸綿を入れて、返し口をまつる。

表面（表）

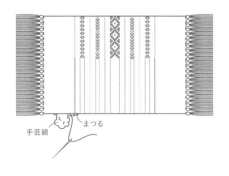

手芸綿　　まつる

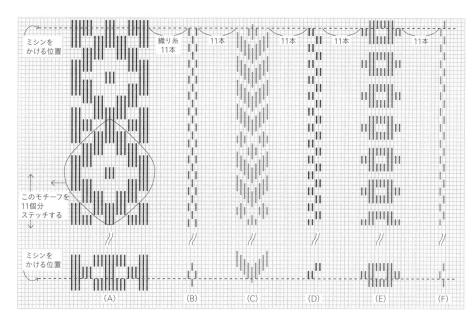

ミシンを
かける位置

織り糸
11本

11本　　　11本　　　11本　　　11本

このモチーフを
11個分
ステッチする

ミシンを
かける位置

(A)　　　(B)　　　(C)　　　(D)　　　(E)　　　(F)

刺しゅう糸1本取り
(A) = (カーキ) 2束
(B) = (ピンク) 1束
(C)・(F) = (グレー) 1束
(D) = (グリーン) 1束
(E) = (ブルー) 1束

※この図案は罫線を織り糸と考えます。
※(A) を中央に配置し、(B)→(C)→(D)→(E)→(F) の順に同じ模様をステッチする。

## 刺しゅうの刺し方

〈織り刺し〉

布目が数えられる平織りの
布を使い、縦または横方向
に一列ずつ規則的に刺して
いく。名のとおり織物のよ
うな仕上がりで、立体感の
ある模様を表現できる。

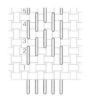

〈プラットソム〉

スウェーデンに伝わる技
法のひとつ。"サテンス
テッチ"の要領で糸を渡し
ながら、面を埋めて刺して
いく。

〈フォーサイドステッチ〉

布目を数えられる平織り
布を使用。"ストレートス
テッチ"ですくい、横並び
の四角形をつくっていく。

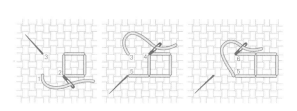

# page 29 トレイ掛け

## 材料

刺しゅう用リネン（12目／cm・ブルー）━━━━90×20cmを1枚
木製リング━━━━内径4cmを1個
花糸（白）━━━━1〜2束
　　（ブルー）━━━━1束

## つくり方

❶図案を参照して、リネンに刺しゅうをする。糸を1本取りにして「プラットソム」（P.87参照）。モチーフの数は吊るしたいトレイに合わせて決め、2本分の刺しゅうをする。モチーフの縦横3目ずつに「フォーサイドステッチ」（P.87参照）をする。

## 図案

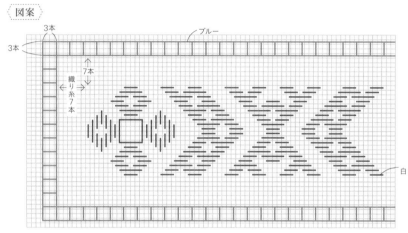

※この図案は罫線を織り糸と考えます。

❷①の刺しゅうのバランスをみながら、リネンを10cm幅で2本に切る。

❸両脇に刺したフォーサイドステッチから7目外側を三つ折りにして、折り山同士をまつる。同様にもう1本つくる。

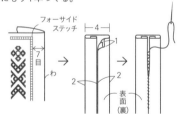

❹③を木製リングに通し、両端をリングから少し下がった位置で縫い合わせる。同様にもう1本同じリングに通し、縫い合わせる。

# page 27 針刺し

## 材料

リネン (10 〜 11目／cmで目の詰まっていないもの
・玉子色) ⋯⋯⋯ 22×20cm
フェイクスエードのリボン (茶色) ⋯⋯⋯ 0.5cm幅を5cm
手芸綿⋯⋯ 適量
花糸 (ダークグレー、サーモンピンク) ⋯⋯⋯各適量

## つくり方

❶図案を参照し、リネンに刺しゅうをする。糸を
2本取りにして「ランニングステッチ」(右図参
照)。10.5×9.5cmの2枚に切る。

〈ランニングステッチ〉

"並縫い" と同様に、一定
の間隔で布の表と裏へ交互
に針目を出す。図案を90°
回転させて横にし、右から
左へ刺していく。端まで刺
したら、図案を上下逆にし、
右から左へ刺し戻る。これ
を繰り返す。

〈図案〉

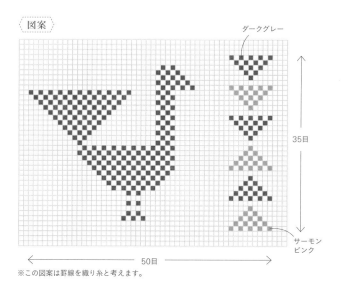

ダークグレー

35目

サーモン
ピンク

← 50目 →

※この図案は罫線を織り糸と考えます。

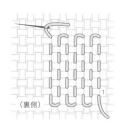

(裏側)

❷①を中表に合わせて、角に、二つ折りにしたリ
ボンを挟む。返し口を3cmほど残して縫う。

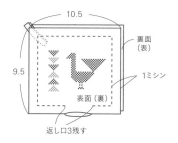

10.5

裏面
(表)

9.5

1ミシン

表面 (裏)

返し口3残す

❸表に返して手芸綿を入れ、返し口をまつる。

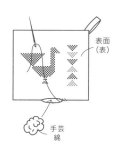

表面
(表)

手芸
綿

赤と黒の伝統図案（サンプラー）

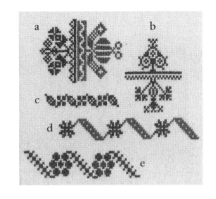

### 材料

ウール……適量
25番刺しゅう糸（赤、黒）……各適量

刺しゅう図案 ※すべてクロスステッチ。

a

b

中心

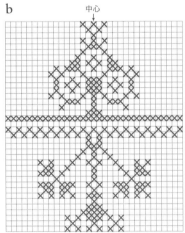

c

1模様
繰り返す

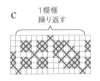

d

1模様繰り返す

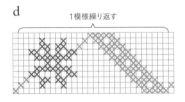

e

1模様繰り返す

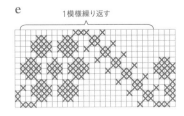

✕＝赤・2本取り
✕＝黒・2本取り

# page 31　ミニバッグ

## 材料

表袋布（リネン）───30×20㎝を2枚
中袋布（木綿）───30×20㎝を2枚
厚手接着芯───30×20㎝を2枚
薄手接着芯───30×20㎝を2枚
1㎝幅のテープ───26㎝を2本
太さ0.1㎝のコード───50㎝
ビーズ0.5㎝───1個
内径0.4㎝のハトメ───8個
25番刺しゅう糸（赤、黒）───各適量

## つくり方

〈準備〉表袋布の裏面に厚手接着芯、
中袋布の裏面に薄手接着芯を貼る。

❶表袋布を裁断し、クロスス
テッチをする。

刺しゅう図案

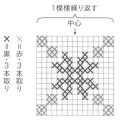

1模様繰り返す
中心
×＝黒3本取り
×＝赤3本取り

### 製図

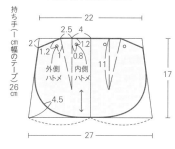

表袋布・厚手接着芯・各2枚
中袋布・薄手接着芯・各2枚

持ち手←1㎝幅のテープ26㎝

22
2.5　4
2
1.2　1　1.2
0.8
外側ハトメ　内側ハトメ
11
17
4.5
27

※1㎝の縫いしろをつけて裁つ

❷表袋布を中表に合わせ、印
までミシンをかける。縫いし
ろを割る。

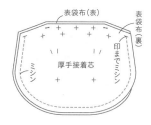

表袋布（表）
表袋布（裏）
厚手接着芯
印までミシン
ミシン

❸中袋布を中表に合わせ、底
に返し口6㎝を縫い残し、印
までミシンをかけ、縫いしろ
を割る。

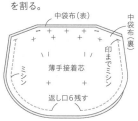

中袋布（表）
中袋布（裏）
印までミシン
ミシン
薄手接着芯
返し口6残す

❹表袋布を表に返し、持ち手
を縫う。

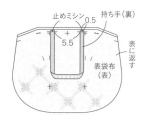

止めミシン　0.5
持ち手（裏）
5.5
表に返す
表袋布（表）

❺表袋布と中袋布を中表に
合わせ、袋口を縫う。

表袋布（裏）
ミシン
中袋布（裏）
返し口

❻表に返し、返し口をまつる。

中袋布（表）
表に返す
返し口をまつる

❼イラストを参考にタックをたたみ、
ハトメ（ハトメパンチとセットになっ
たものが便利）をあける。ハトメに
コードを通し、ビーズを通す。

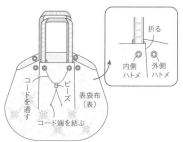

折る
内側ハトメ　外側ハトメ
コードを通す
ビーズ
表袋布（表）
コード端を結ぶ

## 材料

リネン……適量
25番刺しゅう糸 (赤、オレンジ、イエロー、グリーン、
ターコイズブルー、ネイビーブルー、パープル)……各適量

刺しゅう図案 ※すべてクロスステッチ。

### a

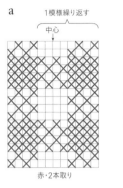

赤・2本取り

### b

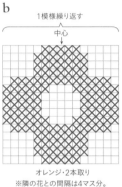

オレンジ・2本取り
※隣の花との間隔は4マス分。

### c

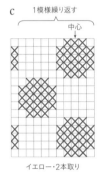

イエロー・2本取り

### d

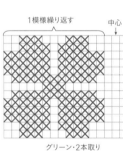

グリーン・2本取り
※隣のクローバーとの間隔は3マス分。

### e

ターコイズブルー・2本取り

### f

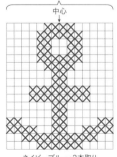
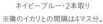

ネイビーブルー・2本取り
※隣のイカリとの間隔は4マス分。

### g

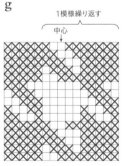

パープル・2本取り

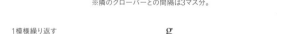

材料

DMC Stitch case Small hole ……1個
25番刺しゅう糸（赤、白、オレンジ）……各適量

つくり方

DMC Stitch case Small hole の中
心に花の図案がくるように、刺しゅ
う（下記参照）をする。

刺しゅう図案 ※すべてクロスステッチ。

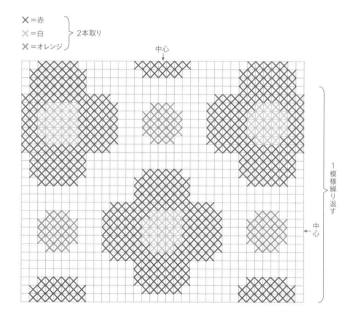

# page 34 動物と昆虫と植物の図案 (サンプラー)

## 材料

リネン………適量

越前屋 マタルボン＊（パープル〈209〉、ネイビー〈929〉、
　グレイッシュライトブルー〈926〉、オリーブグリーン〈732〉、
　チャコールグレー〈413〉、ブラウン〈609〉、グリーン〈320〉、
　ダークブラウン〈938〉、ライトグレー〈318〉、ブルー〈336〉、
　ダークネイビー〈823〉、ベージュピンク〈407〉）………各適量

刺しゅう図案　※指定以外クロスステッチ。すべて3本取り。

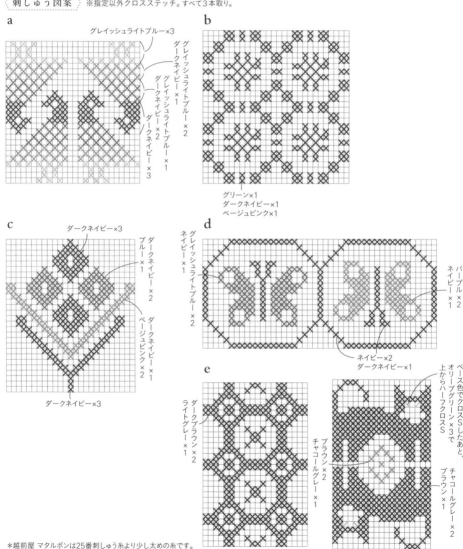

**a**

グレイッシュライトブルー×3
グレイッシュライトブルー×2
ダークネイビー×1
グレイッシュライトブルー×1
ダークネイビー×2
ダークネイビー×3

**b**

グリーン×1
ダークネイビー×1
ベージュピンク×1

**c**

ダークネイビー×3
ダークネイビー
ブルー×1
ダークネイビー×2
ベージュピンク×2
ダークネイビー×1
ダークネイビー×3

**d**

グレイッシュライトブルー×2
ネイビー×1
パープル×2
ネイビー×1
ネイビー×2
ダークネイビー×1

**e**

ダークブラウン×2
ライトグレー×1
ダークブラウン×2
チャコールグレー×1
ベース色でクロスSしたあと、オリーブグリーン×3で上からハーフクロスS
チャコールグレー×2
ブラウン×1

＊越前屋 マタルボンは25番刺しゅう糸より少し太めの糸です。

## 材料

表袋布（ツヴァイガルトコークネイビー）
……19×16cmを2枚
中袋布（リネン）……19×16cmを2枚
口金……16.5×4.5cmを1個
越前屋 マタルボン*（サーモンピンク〈405〉、
ライトグレー〈318〉、ブルー〈595〉）
……各適量
厚紙……適量

## つくり方

❶表袋布に2×2目でクロス
ステッチをする。

### 刺しゅう図案

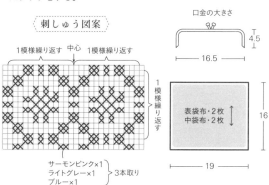

### 製図

口金の大きさ

4.5

16.5

表袋布・2枚
中袋布・2枚

16

19

1模様繰り返す　中心　1模様繰り返す

1模様繰り返す

サーモンピンク×1
ライトグレー×1 ｝3本取り
ブルー×1

❷表袋布を中表に合わせ、縫
い止まりまでミシンをかける。
縫いしろを割る。中袋布も同
様に縫う。

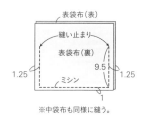

表袋布（表）
縫い止まり
表袋布（裏）
9.5
1.25　ミシン　1.25
1
※中袋布も同様に縫う。

❸中袋布を表に返し、表袋布
と中袋布を中表に合わせ、返
し口5cmを縫い残し、袋口を
縫う。

角を丸く
カット
中袋布（裏）
角を少し丸く縫う
ミシン
返し口を
5残す
表袋布（裏）

❹返し口から表に返し、返し
口をまつる。

表に返し、返し口をまつる
中袋布（表）
表袋布（表）

❺口金の溝に接着剤を付け
る。口金に袋布を中心から差
し込み、次に紙ひもを目打ち
などで押し込み、口金の端を
ペンチでつぶす。

❻イラストを参考に刺しゅう
糸でポンポンをつくり、残し
た糸を口金のすき間に通し、
糸を針に通してポンポンの
中を通し、結び留める。

紙ひも　目打ち
中袋布（表）
表袋布（表）

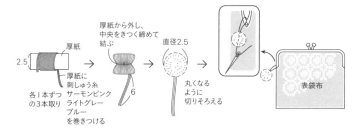

2.5
厚紙
厚紙に
刺しゅう糸
各1本ずつ
の3本取り
サーモンピンク
ライトグレー
ブルー
を巻きつける

厚紙から外し、
中央をきつく締めて
結ぶ
6

直径2.5

丸くなる
ように
切りそろえる

表袋布

## page 36〜37 チョウチョ

### 材料（1点分）

合成皮革（シルバー）───── 10×10cm
接着芯 ───── 10×10cm
28号ワイヤー ───── 10cmを1本
31号ワイヤー ───── 25cmを5本
25番刺しゅう糸（a＝青、水色、サーモンピンク、
こげ茶。b＝オレンジ、黄色、薄黄、こげ茶。
c＝エンジ、ピンク、薄緑、こげ茶）

### つくり方

❶接着芯に図案を写し、合成皮革の裏に貼る。

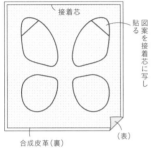

❸合成皮革の表に出ないように気をつけてレゼーデージーステッチを刺す。糸を切らないように注意しながら、でき上がり線で羽をカットする。

❺28号ワイヤーをねじり、ボディ土台をつくる。羽のワイヤーをボディ土台に巻きつける。さらに触角のワイヤーをボディ土台に巻きつける。

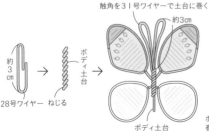

❷番号順にディタッチドボタンホールステッチ（P.143参照）を矢印の方向に刺していく。

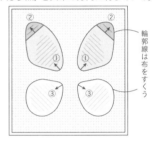

❹羽の周りに31号ワイヤーを添わせ、ディタッチドボタンホールステッチでくるむ。ワイヤーは長めに残しておく。

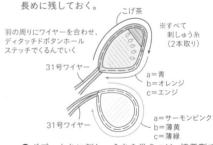

❻ボディ土台に刺しゅう糸を巻きつけ、接着剤で固める。

※Sはステッチの略。指定以外すべてディタッチドボタンホールステッチ。

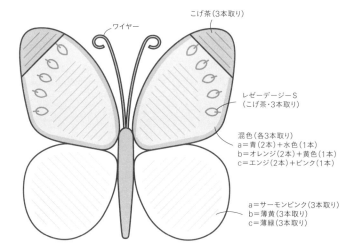

ワイヤー

こげ茶(3本取り)

レゼーデージーS
(こげ茶・3本取り)

混色(各3本取り)
a=青(2本)+水色(1本)
b=オレンジ(2本)+黄色(1本)
c=エンジ(2本)+ピンク(1本)

a=サーモンピンク(3本取り)
b=薄黄(3本取り)
c=薄緑(3本取り)

## アレンジの仕方

〈プランターの飾り〉

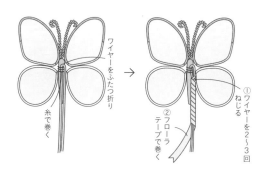

ワイヤーをふたつ折り

糸で巻く

→

①ワイヤーを2〜3回ねじる

②フローラテープで巻く

〈タッセルの飾り〉

カーテンタッセルを
巻き込んでボディに
刺しゅう糸を巻く

〈髪飾り〉

縫い留める

※ヘアピン、バレッタも
同様に裏側で
縫い留める。

コーム

97

## 材料（1点分）

ジャージー（白）………15×10cm
合成皮革（シルバー）………10×10cm
フェルト………10×10cm
スエード………10×5cm
接着芯………25×25cm
31号ワイヤー………30cmを2本
25番刺しゅう糸（白、オレンジ。大＝紺。小＝濃紺）

❷糸を切らないように注意しながらでき上がり線で羽をカットし、周りにワイヤーを添わせて、ディタッチドボタンホールステッチでくるむ。ワイヤーは長めに残しておく。

羽の周りにワイヤーを合わせ、
ディタッチドボタンホールステッチでくるんでいく

大＝紺。小＝濃紺
（各4本取り）

ワイヤー

❹番号順にディタッチドボタンホールステッチを矢印の方向に刺す。図案や厚みをみながら目を増減させる。

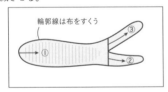

輪郭線は布をすくう

❻くちばしの刺しゅう位置の縫いしろを指で裏側に折りながら、円を描くようにくちばしを刺す。

くちばしは円を描くように刺す

❶接着芯に羽の図案を写し、合成皮革の裏に貼る。番号順にディタッチドボタンホールステッチ（P.143参照）を矢印の方向に刺していく。

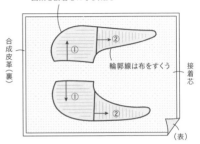

図案を接着芯に写し、貼る

合成皮革（裏）

輪郭線は布をすくう

接着芯

（表）

❸ジャージーの裏に接着芯を貼る。胴体の図案を写し、でき上がり線でカットした接着芯を、ジャージーの表に貼る。その上に、フェルト3枚を重ねてしつけをする。

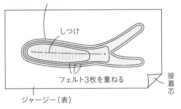

図案を写した接着芯をでき上がり線でカットし、貼る

しつけ

フェルト3枚を重ねる

接着芯

ジャージー（表）

❺イラストを参考にサテンステッチを重ねて刺し、0.5cmの縫いしろをつけてカットする。

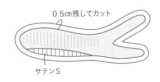

0.5cm残してカット

サテンS

❼縫いしろに切り込みを入れて裏側に折り、接着剤で貼る。羽のワイヤーを胴体に差し込み、裏側に出してねじり、カットする。

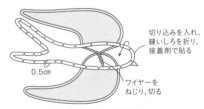

切り込みを入れ、縫いしろを折り、接着剤で貼る

0.5cm

ワイヤーをねじり、切る

羽のワイヤーを差し込み、裏側に出す

❽表側の羽と胴体の際をまつる。

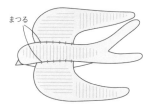

まつる

❾裏面に胴体よりひとまわり小さく切ったスエードを接着剤で貼る。

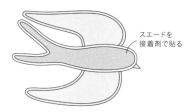

スエードを
接着剤で貼る

〈サシェ〉

長さ40cmのひも

スエード

②縫い留める

③接着剤で貼る

①ひもを縫い留める

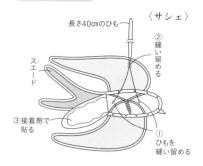

〈ブローチ〉

②接着剤で貼る

①ブローチピンを縫い留める

スエード

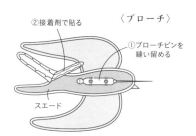

〈プレゼントの飾り〉

②接着剤で貼る

①糸でループをつくる

③ワイヤーを通してプレゼントに留める

スエード

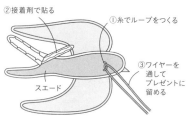

実物大の図案（小）

※Sはステッチの略。
指定以外すべてディタッチドボタンホールステッチ。
（大）は図案を125％に拡大。

大＝紺。小＝濃紺（4本取り）

オレンジ
（2本取り）

サテンS
（白・3本取り）

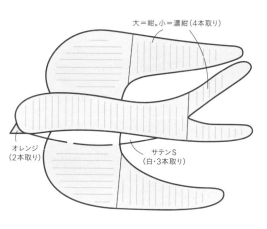

フェルト（各1枚）

スエード（1枚）

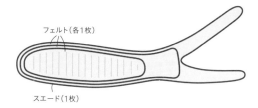

# page 40〜41　バナナ、リンゴ、お豆

## 材料

**お豆**
ジャージー（白）………10×10cm
フェルト………10×2cm
スエード………10×5cm
接着芯………10×15cm
25番刺しゅう糸（黄緑、薄緑、緑）

**リンゴ**
ジャージー（白）………10×10cm
フェルト………15×10cm
スエード………5×5cm
接着芯………15×10cm
25番刺しゅう糸（赤、生成、黄緑、緑、こげ茶）

**バナナ**
ジャージー（白）………10×10cm
フェルト………10×10cm
スエード………5×5cm
接着芯………15×10cm
25番刺しゅう糸（黄色、生成、黄緑、こげ茶）

〈 実物大の図案 〉

※すべてディタッチドボタンホールステッチ（3本取り）。

〈お豆〉

フェルト（1枚）
①
黄緑

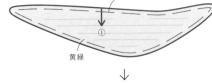

②　フェルト（各1枚）　薄緑
①

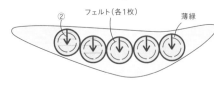

黄緑
③
浮かせる

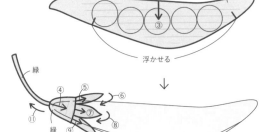

緑
④　⑤
⑪　⑥
緑　⑦　⑧
⑨
⑩

〈リンゴ〉

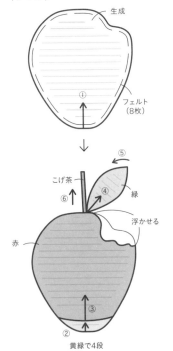

生成
①
フェルト（8枚）

こげ茶
⑤
⑥↑　④
緑
浮かせる
赤
③
②
黄緑で4段

〈バナナ〉

生成
①
フェルト（6枚）

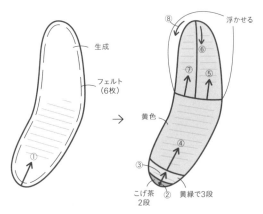

⑧
浮かせる
⑥
⑦　⑤
黄色
④
③
②
こげ茶
2段
黄緑で3段

## つくり方 〈バナナ〉

**❶** ジャージーの裏に接着芯を貼る。図案を写し、でき上がり線でカットした接着芯をジャージーの表に貼る。フェルト3枚(リンゴは4枚、お豆は1枚)を重ねてしつけをする。ディタッチドボタンホールステッチ(P.143参照)を矢印の方向に刺し、途中まで刺したら残りのフェルトを入れて膨らませる。

**❷** ①を最後まで縫い終わったら、糸を替え、イラストを参考にしながら①に重ねて、番号順にディタッチドボタンホールステッチを矢印の方向に刺す。

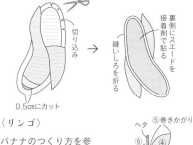

図案を写した接着芯をでき上がり線でカットし、貼る
しつけ
フェルト3枚
接着芯
ジャージー(表)

残りのフェルト3枚を順に入れる
輪郭線は布をすくう
途中まで刺す
①
生成

すべて縫う
輪郭線は布をすくう
②〜④

⑧巻きかがり
⑥巻きかがり
⑦
⑤
中心は布をすくう

**❸** 0.5cmの縫いしろをつけてカットし、切り込みを入れて裏側に折り、図案よりひとまわり小さくカットしたスエードを接着剤で貼る。

切り込み
裏側にスエードを接着剤で貼る
縫いしろを折る
0.5cmにカット

### ヘタのつくり方

お豆の葉
リンゴの実
3出
1出
2入

最後は刺しゅう糸を切り、接着剤で固める

〈リンゴ〉

バナナのつくり方を参考にして実を刺しゅうする。葉とヘタを刺す。

⑤巻きかがり
ヘタ
⑥
④

〈お豆〉

バナナのつくり方を参考にして、下皮、豆、上皮を刺しゅうする。上皮は浮かせた部分に接着剤を付け、ねじる。葉とヘタを刺す。

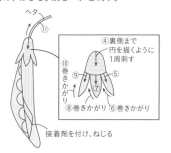

ヘタ
⑪
④裏側まで円を描くように1周刺す
⑩巻きかがり
⑨
⑧巻きかがり
⑦
⑥巻きかがり
⑤
接着剤を付け、ねじる

### アレンジの仕方

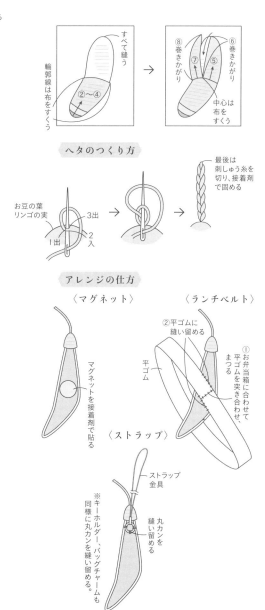

〈マグネット〉
マグネットを接着剤で貼る

〈ランチベルト〉
②平ゴムに縫い留める
平ゴム
①お弁当箱に合わせて平ゴムを突き合わせ、まつる

〈ストラップ〉
ストラップ金具
丸カンを縫い留める
※キーホルダー、バッグチャームも同様に丸カンを縫い留める。

## 材料

リネン……適量
25番刺しゅう糸（白）……各適量

### 1 端の処理のステッチ

〈ボタンホールステッチ〉

図を参考に、針先に糸をかけながら右から左へ刺していく。

〈角の始末の仕方〉

ボタンホールステッチをしたあとに、角にストレートステッチをする。

〈ヘムかがり〉

（裏）　　　（裏）　　　（裏）

布の裏側から刺していく。図のように織り糸を3〜4本すくい、その隣に垂直に針を入れ、引き締める。これを繰り返し、織り糸3〜4本ずつの束をつくる。

表からみたところ

---

### 2 織り糸を束ねるステッチ

〈a はしごヘムかがり〉

（裏）

残った織り糸の上下刺す位置をそろえて、はしごのようにヘムかがりをする。

〈b ジグザグヘムかがり〉

（裏）

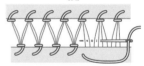

残った織り糸を偶数本ずつ束にして上側のヘムかがりをする。下側をかがるときは、上下のかがる位置がずれるよう、織り糸半分ずつをひと束にしてかがっていく。

〈c 結びかがり〉

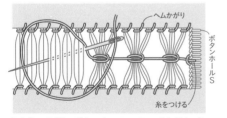

糸を抜いた端にボタンホールステッチとはしごヘムかがりをする。ここで、織り糸の束が最後に余らないよう、中央の糸でまとまる本数の倍数になるようにかがる（下図のように3本まとめる場合は3の倍数）。図のように織り糸の束をすくい、針先に糸をかける。糸を引き、結び目を引き締める。同様に繰り返し、結びかがる。

〈d シングルツイステッドかがり〉

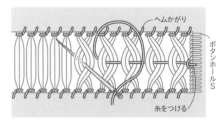

糸を抜いた端にボタンホールステッチとはしごヘムかがりをする。このとき織り糸の束が偶数になるようにかがる。図のように織り糸の束をねじる。織り糸の束を1本とばして左から右にすくい、針先の向きを左に変えながら織り糸の束を交差させ、針を引き出す。同様にして繰り返し、かがる。

## 3 模様を描くステッチ

### 〈e クローバーかがり〉

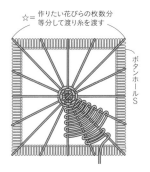

☆=作りたい花びらの枚数分
等分して渡り糸を渡す

ボタンホールS

正方形に糸を抜いた周囲にボタンホールステッチをする。放射状に糸を渡す（渡り糸）。渡り糸はつくりたい葉の枚数に合わせ、一辺（☆）を等分して渡す（渡り糸の渡し方は下図参照）。中心から渡り糸を交互にすくいながら交点の周りを3〜5周する。続けて渡り糸4本を交互に、左右往復してすくう。5〜6回往復したら、さらに内側の渡り糸2本で2〜3回往復する。最後は針をかがり目の中に通して中心へ戻り、繰り返す。

### 〈f 菊かがり〉

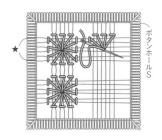

★

ボタンホールS

織り糸を指定寸法抜き、周囲にボタンホールステッチをする。残った織り糸で形成される内側の正方形の中心から針を出し、一辺（★）の織り糸を等分に分けてすくう。図のように織り糸をすくい、中心の同じ穴に針を出す。これを繰り返し、1周する。

### 〈g ウィールかがり〉

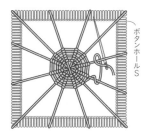

ボタンホールS

正方形に糸を抜いた周囲にボタンホールステッチをする。放射状に糸を渡し（渡り糸）、中心から渡り糸に1回糸を巻きつけながら交点の周りをすくっていく（渡り糸の渡し方は下図参照）。

----

### 〈渡り糸の渡し方〉

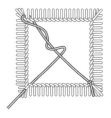

❶ボタンホールステッチの角から対角に糸を渡し、布をすくう。渡した糸にからげながら渡り糸交点に針を出し、糸の方向を変えて角から糸を出す。

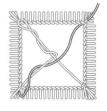

❷同様に渡した糸にからげながら、糸を放射状に渡す。

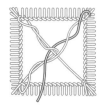

❸同様に指定の本数を繰り返し、糸を渡していく。

〈糸の抜き方〉 ※この本では、抜く織り糸の量を、本数ではなく寸法(cm)で表記しています。
各作品とも指定の寸法になるよう、糸を抜いてください。写真はP.45マルチクロスで説明しています。

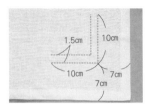

❶刺しゅうの位置と大きさと写真を参考に、水性チャコペンで角部分に印をつける。

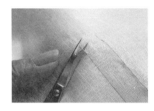

❷印の端(角と反対側)の織り糸(横糸)を1本切る。

❸先のとがった目打ちなどを使い、②の織り糸を角へ引き出すように抜いていく。

❹②と③と同様に印に沿って織り糸(縦糸)を1本ずつ抜く。この中が糸を抜く部分となる。

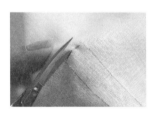

❺印の端(角と反対側)で織り糸を切り、1本ずつ角へと抜く。

❻抜いた糸は布の表側に軽くアイロンで倒す。角と角の間に残った辺の中央の糸も抜く。

❼布を裏返して、角の抜いた糸を針に通し、裏側で織り糸を3〜4本すくって始末する。初めのうちは表から必要分の糸だけ裏に引き出して作業をするとスムーズ。

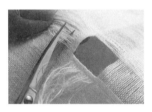

❽余分な糸は、布の際で切りそろえる。

〈糸のつけ方〉

❶図のように糸を半分に折り、針に糸を通す。

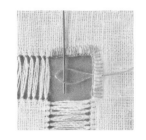

❷糸をつけたい位置で表側に糸を出し、糸の輪の部分に針を通す。

❸②で通した糸を矢印の方向に引っ張り、引き締める。

## page 45　ハンカチ

**材料**

中厚手のハンカチ（水色・麻100％）⋯⋯1枚
25番刺しゅう糸（白）⋯⋯適量

**つくり方**

図の位置の糸を抜く。刺しゅう糸1本取りで©結びかがり、⑥クローバーかがりをする。

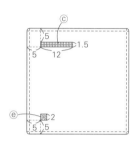

## page 45　マルチクロス

**材料**

マルチクロス（白・麻100％）⋯⋯1枚
25番刺しゅう糸（白）⋯⋯適量

**つくり方**

図の位置の糸を抜く。刺しゅう糸1本取りで⑥シングルツイステッドかがりをする。端の始末をし、角は糸が十字に渡るようにする。⑨ウィールかがりをする。

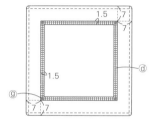

〈シングルツイステッドかがり端の始末〉

ひと結び

ボタンホール
ステッチ

## page 46　パンツ

**材料**

薄手のパンツ（黒・麻100％）⋯⋯1枚
25番刺しゅう糸（黒）⋯⋯適量

**つくり方**

図の位置の糸を抜く。刺しゅう糸2本取りで右パンツに⑥菊かがり、左パンツに©結びかがりをする。

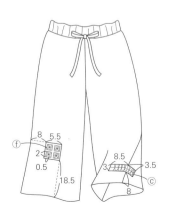

## page 47　ショートパンツ

### 材料

薄手のショートパンツ（グレー・綿100%）……1枚
25番刺しゅう糸（白）……適量

### つくり方

図の位置の糸を抜く。刺しゅう糸1本取りで⑥シングルツイステッドかがりをする。

## page 49　ストール

### 材料

布目の粗いストール（パープル・麻100%）……1枚
25番刺しゅう糸（パープル）……適量

### つくり方

図の位置の糸を抜く。刺しゅう糸2本取りで⑥クローバーかがりをする。

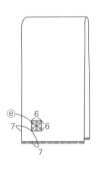

## page 48　シャツ

### 材料

中厚手のシャツ（白・麻100%）……1枚
25番刺しゅう糸（白）……適量

### つくり方

図の位置の糸を抜く。刺しゅう糸1本取りで前立ての脇に⑧はしごヘムかがり、⑥ジグザグヘムかがり、⑥シングルツイステッドかがりをする。腰の部分にぐし縫いとボタンホールステッチでハートを刺し、⑧はしごヘムかがり、⑥ジグザグヘムかがりを等間隔に刺しゅうする。

〈刺しゅう図案〉　※図案は330%に拡大。

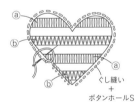

ぐし縫い
＋
ボタンホールS

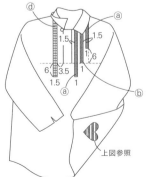

上図参照

〈ぐし縫い〉

④入　②入

⑤出　③出　0.2 0.2
①出

106

# page 50・51 繕いのための刺しゅう図案 （井上アコさんの図案）

〔実物大の図案〕 ※Sはステッチの略。

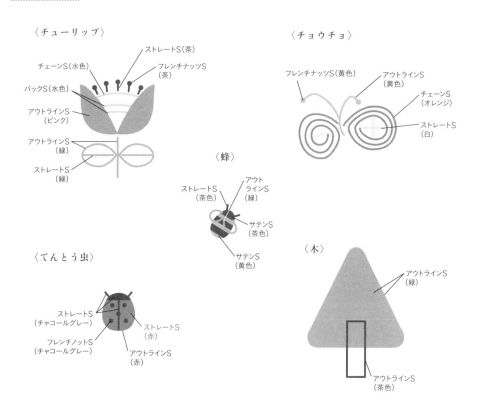

〈チューリップ〉

チェーンS（水色）
ストレートS（茶）
フレンチナッツS（茶）
バックS（水色）
アウトラインS（ピンク）
アウトラインS（緑）
ストレートS（緑）

〈チョウチョ〉

フレンチナッツS（黄色）
アウトラインS（黄色）
チェーンS（オレンジ）
ストレートS（白）

〈蜂〉

ストレートS（茶色）
アウトラインS（緑）
サテンS（茶色）
サテンS（黄色）

〈てんとう虫〉

ストレートS（チャコールグレー）
フレンチノットS（チャコールグレー）
ストレートS（赤）
アウトラインS（赤）

〈木〉

アウトラインS（緑）
アウトラインS（茶色）

〈Tシャツの繕い刺しゅう〉

泥汚れと針金でひっかけた穴。はぎれ適量を汚れの部分に縫い付け、ミシンでステッチし、バランスをみて穴の部分に図案を写し、刺しゅうする。穴は、アウトラインステッチで縫い埋める。

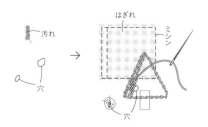

汚れ
穴
はぎれ
ミシン
穴

〈ペンケースの繕い刺しゅう〉

カッターでつくってしまったキズ。アウトラインステッチの部分にキズがくるように図案を写し、刺しゅうする。穴は、アウトラインステッチで縫い埋める。

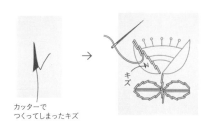

カッターでつくってしまったキズ
キズ

〔 **実物大の図案** 〕 ※Sはステッチの略。

〈花の鳥〉

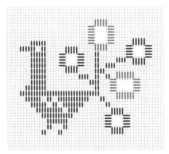

平織りの布の穴に最適。すべてストレートステッチを布目に合わせて繰り返しほどこすが、花の部分は、穴のサイズに合わせて図を参考に、4方にステッチを施す。穴の内側の不要な布は、最後に際でカットする。茎の部分を調整してバランスよく鳥本体を配置する。

〈飾りステッチ〉

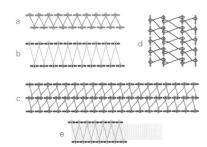

すべてヘリンボーンラダーステッチ。aは半目ずらした2段のバックステッチに糸を渡したもの。bはaよりバックステッチをする間隔を離したもの。cはバックステッチを平行に同じ間隔で3段刺したもの。dはバックステッチを中央2段の間隔をあけ、4段刺したもの。eは布のほつれをサテンステッチで縫い、その上から半目ずらした2段のバックステッチを施したもの。

〈葉っぱと丸の花〉

穴あきに合わせて丸い花と葉っぱのモチーフをアレンジする図案。葉っぱの茎のアウトラインステッチ以外、すべてボタンホールステッチ。放射線状のステッチの本数は、丸のサイズや好みで増減する。

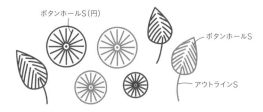

〈ハンカチの繕い刺しゅう〉

❶いつの間にかできてしまった4つの穴。

❷チャコペンで穴を中心に○を描く。葉っぱと茎もバランスよく描く。穴のあいていない○は、一部、目打ちで穴をあける。

❸花と葉っぱ、茎の部分に、それぞれ刺しゅうをする。

〈ワンピースの繕い刺しゅう〉

❶擦り切れてしまった、衿ぐりと袖口。

❷イラストを参考に衿ぐりの擦り切れた部分に刺しゅうをする。袖口も同様。

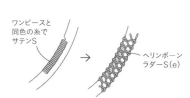

❸腕の部分に刺しゅうをし、衿ぐりや袖のステッチした端にフレンチナッツステッチ3つで飾りを付ける。

実物大の図案 ※Sはステッチの略。

〈セミ〉

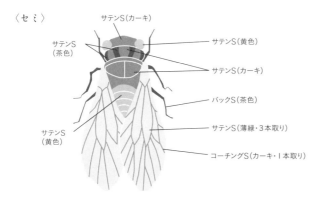

サテンS（カーキ）
サテンS（茶色）
サテンS（黄色）
サテンS（カーキ）
バックS（茶色）
サテンS（薄緑・3本取り）
コーチングS（カーキ・1本取り）
サテンS（黄色）

〈トンボ〉

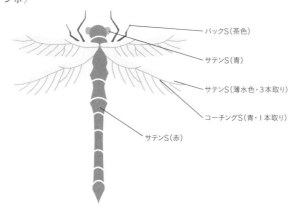

バックS（茶色）
サテンS（青）
サテンS（薄水色・3本取り）
コーチングS（青・1本取り）
サテンS（赤）

〈帽子の繕い刺しゅう〉

裂けてしまった帽子の縫い目と外れてしまったステッチ。はしごかがりで裂け目を閉じる。羽脈の部分以外の図案を写し、刺しゅうをする。羽脈の部分は羽のステッチをしたあとに、図案を見ながら刺す。

〈ポロシャツの繕い刺しゅう〉

バッジでできてしまった穴。裏に接着芯または、ポロシャツと同色のはぎれを貼る。羽脈の部分以外の図案を写し、刺しゅうをする。羽脈の部分は羽のステッチをしたあとに、図案を見ながら刺す。

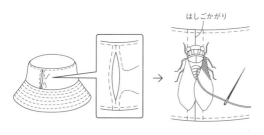

はしごかがり

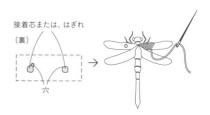

接着芯または、はぎれ
（裏）
穴

## page 54～56 ハンカチで始める、刺しゅうの愉しみ

### 材料

ハンカチ……各1枚
25番刺しゅう糸、8番刺しゅう糸、ウール刺しゅう糸、
刺し子糸、麻糸（色は図案、図を参照）……各適量

### 実物大の図案　※Sはステッチの略。25番刺しゅう糸以外はすべて1本取り。

〈マーガレット〉

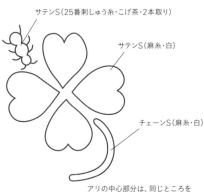

フレンチナッツS
（25番刺しゅう糸・山吹・2本取り）

ストレートS（刺し子糸・白）

サテンS
（25番刺しゅう糸・薄緑・6本取り）

ストレートS
（ウール刺しゅう糸・青）

アウトラインS
（25番刺しゅう糸・緑・4本取り）

花びらの部分は、刺しゅう糸と刺
し子糸のふたつのストレートステ
ッチで、質感の違いを表現します。

〈クローバーとアリ〉

サテンS（25番刺しゅう糸・こげ茶・2本取り）

サテンS（麻糸・白）

チェーンS（麻糸・白）

アリの中心部分は、同じところを
2～3回糸をくぐらせて、虫らし
いぷくっとした質感を出します。

### つくり方

〈ビーズをプラス〉

ブランケットS
（8番刺しゅう糸・生成）

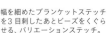

幅を細めたブランケットステッチ
を3目刺したあとビーズをくぐら
せる、バリエーションステッチ。

〈ストレートステッチをプラス〉

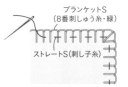

ブランケットS
（8番刺しゅう糸・緑）

ストレートS（刺し子糸）

ブランケットステッチにアクセン
トのストレートステッチを合わせ
たコンビネーションです。

〈ヘムステッチ〉

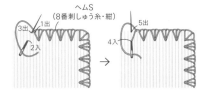

ヘムS
（8番刺しゅう糸・紺）

3出　1出　5出
2入　　4入

これはブランケットステッチを同じ針穴から
三角状に刺すバリエーション「ヘムステッチ」。
女の子らしい端正な雰囲気が魅力です。

〈水玉の上にサテンステッチ〉

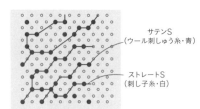

サテンS
（ウール刺しゅう糸・青）

ストレートS
（刺し子糸・白）

整然とした水玉模様の中にサテン
とストレートでイレギュラーなア
クセントを。サテンの中心に糸を
4回通し、ふっくら感を出します。

〈ギンガムチェックにクロスステッチ〉

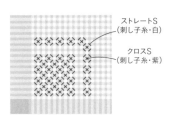

ストレートS
（刺し子糸・白）

クロスS
（刺し子糸・紫）

ハンカチ地の白と刺し子糸の白で、
クロスステッチを囲んでいるよう
な視覚効果を狙った図案です。

## 材料

表布（紬・白）……31×123cm
裏布（ウール）……31×123cm
日本刺しゅう絹糸（釜糸2本取り・色は図案参照）……各適量
金糸（1掛・3掛）……各適量
ぞべ糸（絹しつけ糸・金茶色）……適量

## つくり方

❶ 表布に刺しゅうをする。

❷ 表布と裏布を中表に合わせ、返し口8〜10cmを縫い残し、縫う。

❸ 返し口から表に返し、返し口をまつる。

表布（表）

8
11

ミシン
1　1
表布（表）
裏布（裏）
返し口
8〜10

表布（表）
裏布（表）

まつる

実物大の図案　※指定以外すべて縫い切り（釜糸2本取り）。
　　　　　　　駒掛を沿わせる糸は金糸（3掛・2本取り）、縫い留める糸はぞべ糸（金茶色・1本取り）。

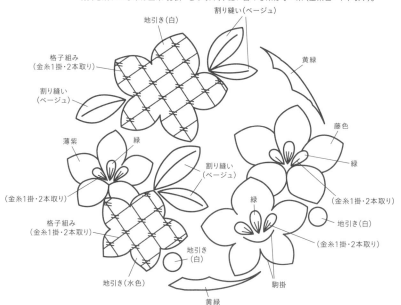

割り縫い（ベージュ）
地引き（白）
黄緑
格子組み（金糸1掛・2本取り）
割り縫い（ベージュ）
藤色
薄紫
緑
緑
割り縫い（ベージュ）
緑
（金糸1掛・2本取り）
（金糸1掛・2本取り）
地引き（白）
格子組み（金糸1掛・2本取り）
地引き（白）
（金糸1掛・2本取り）
地引き（水色）
駒掛
黄緑

## 材料

表本体 (帯地・薄朱色) ……20×13cmを2枚
裏本体 (正絹・赤) ……20×24cm
ファスナー……17cmを1本
日本刺しゅう絹糸 (釜糸2本取り・色は図案参照) ……各適量
金糸 (3掛) ……適量
ぞべ糸 (絹しつけ糸・金茶色) ……適量

## つくり方

❶表本体1枚に図案を写し、刺しゅうをする。

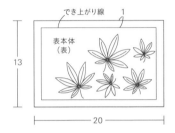

❷ファスナーと表本体を中表に合わせ、縫う。

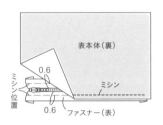

❸②と同様にもう1枚の表本体もファスナーに縫い付け、縫いしろを本体側に倒す。

❹表本体を中表に合わせ、周囲を縫う。

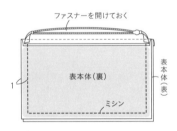

❺裏本体の袋口を1cm裏側に折る。中表に二つ折りにし、周囲を縫う。

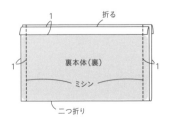

❻裏本体を表に返し、表本体を中に入れ、袋口をまつる。

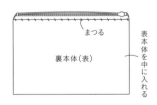

※指定以外すべて縫い切り（釜糸2本取り）。
駒掛を沿わせる糸は金糸（3掛・2本取り）、縫い留める糸はぞべ糸（金茶色・1本取り）。

### 材料

表布（正絹・水色）……35×35cm
布ループ（正絹・水色）……2×5cm
裏布（正絹・白）……35×35cm
接着芯……2×2cm
打ちひも（太さ0.2cm・水色）……5cm
ひも（太さ0.1cm・白）……60cm
留め具（2.5cm）……1個
日本刺しゅう絹糸（釜糸2本取り・色は図案参照）……各適量
金糸（3掛）……適量
ぞべ糸（絹しつけ糸・金茶色）……適量

### つくり方

❶表布に刺しゅうをする。図を参照し、中心に打ちひもを付ける。布ループをつくり、縫い留める。

❷裏布にひもを付ける。表布と裏布を中表に合わせ、返し口8〜10cmを縫い残し、縫う。返し口から表に返し、返し口をまつる。

### 実物大の図案

※指定以外すべて縫い切り（釜糸2本取り）。駒掛を沿わせる糸は金糸（3掛・2本取り）、縫い留める糸はぞべ糸（金茶色・1本取り）。

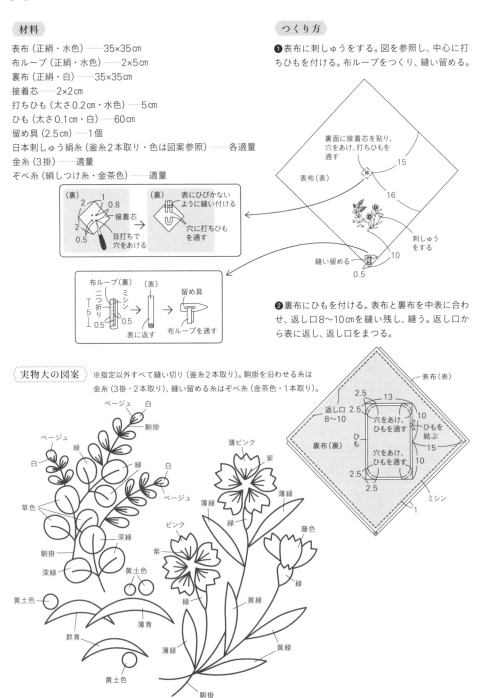

### 材料

刺しゅう布（正絹・白）⋯⋯⋯20×20cm
フレーム（刺しゅう生地 張設 済みのもの）⋯⋯⋯20×20cmを1個
日本刺しゅう絹糸（釜糸2本取り・色は図案参照）⋯⋯各適量
金糸（1掛・3掛）⋯⋯⋯各適量
ぞべ糸（絹しつけ糸・金茶色）⋯⋯⋯適量

### つくり方

フレーム位置に合わせて刺しゅう布に刺しゅうをする。
フレームの裏面に刺しゅう布を接着剤で貼る。

**実物大の図案** ※指定以外すべて縫い切り（釜糸2本取り）。
駒掛を沿わせる糸は金糸（3掛・2本取り）、縫い留める糸はぞべ糸（金茶色・1本取り）。

麻の葉（金糸1掛・2本取り）
地引き（薄ベージュ）
フレーム位置
白
薄ベージュ
駒掛
生成
駒掛
地引き（ベージュ）
地引き（ベージュ）
地引き（薄ベージュ）
駒掛
白
麻の葉（金糸1掛・2本取り）
地引き（生成）
駒掛
地引き（白）
地引き（ベージュ）

### 材料

刺しゅうしたいアイテム……各1組
25番刺しゅう糸（色は図案を参照）……各適量
必要であれば、接着芯または綿オーガンジー・抜きキャンバス……各適宜

〈刺しゅう図案〉 ※Sはステッチの略。指定以外すべてクロスステッチ3本取り。

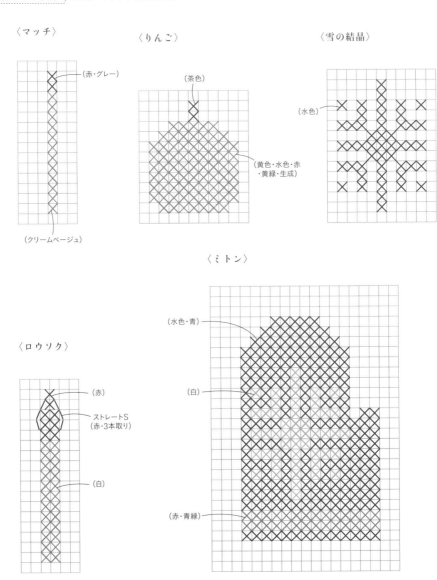

〈マッチ〉

（赤・グレー）

（クリームベージュ）

〈りんご〉

（茶色）

（黄色・水色・赤
・黄緑・生成）

〈雪の結晶〉

（水色）

〈ミトン〉

（水色・青）

（白）

（赤・青緑）

〈ロウソク〉

（赤）

ストレートS
（赤・3本取り）

（白）

116

〈バラ1〉

〈バラ2〉

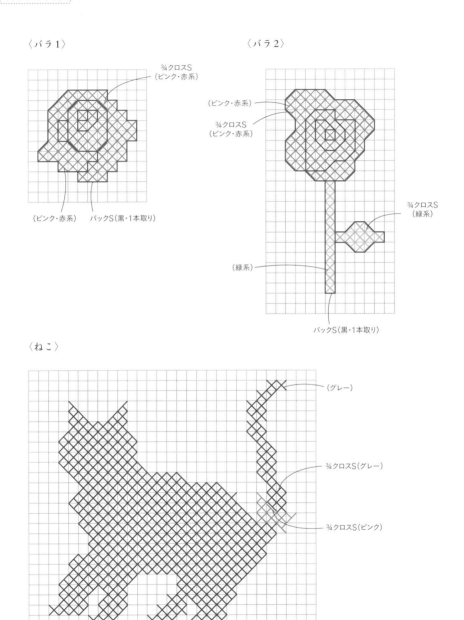

¾クロスS
（ピンク・赤系）

（ピンク・赤系）

（ピンク・赤系）

¾クロスS
（ピンク・赤系）

¾クロスS
（緑系）

（緑系）

（ピンク・赤系）　　バックS（黒・1本取り）

バックS（黒・1本取り）

〈ねこ〉

（グレー）

¾クロスS（グレー）

¾クロスS（ピンク）

※ P.65 では、バックステッチ（黒）で縁取り、リボンのみクロスステッチ（青緑）に。

## page 68 木の実と鳥のモチーフ

### 材料

ベレー帽……1個
ウール刺しゅう糸（色は図案参照）……各適量

### つくり方

図案の位置を決めたら、木の実と鳥の図案をそれ
ぞれ刺しゅうする。木の実のAとBは同じ図案だ
が配色が違う。図案の色指定に沿って、外側の葉
の緑と薄緑の色を交互に入れ替えて刺していく。

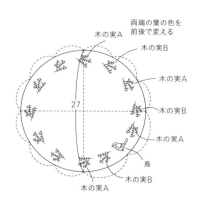

両端の葉の色を
前後で変える
木の実A
木の実B
木の実A
木の実B
木の実A
鳥
木の実B
木の実A
27

### 実物大の図案

※Sはステッチの略。
刺しゅう糸はすべて1本取り。

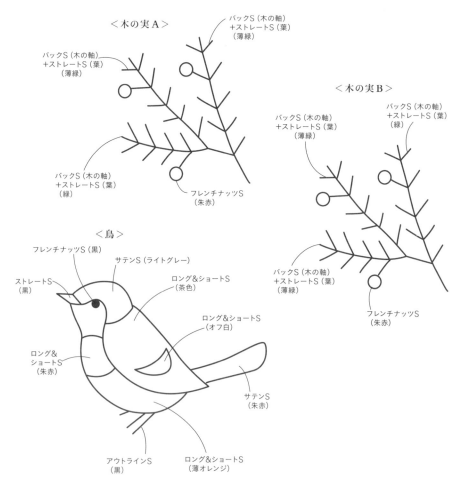

＜木の実A＞

バックS（木の軸）
＋ストレートS（葉）
（薄緑）

バックS（木の軸）
＋ストレートS（葉）
（薄緑）

バックS（木の軸）
＋ストレートS（葉）
（緑）

フレンチナッツS
（朱赤）

＜木の実B＞

バックS（木の軸）
＋ストレートS（葉）
（薄緑）

バックS（木の軸）
＋ストレートS（葉）
（緑）

バックS（木の軸）
＋ストレートS（葉）
（薄緑）

フレンチナッツS
（朱赤）

＜鳥＞

フレンチナッツS（黒）
サテンS（ライトグレー）
ストレートS
（黒）
ロング＆ショートS
（茶色）
ロング＆ショートS
（オフ白）
ロング＆
ショートS
（朱赤）
ロング＆ショートS
（薄オレンジ）
サテンS
（朱赤）
アウトラインS
（黒）
ロング＆ショートS
（薄オレンジ）

## page 69 りんごの木のモチーフ

### 材料

バッグ……1個
接着芯……適量
ウール刺しゅう糸（色は図案参照）……各適量

### つくり方

図案の位置を決めたら、薄めの布の場合は刺しゅ
うする面の裏側全体に接着芯を貼る（厚手の布の
場合は部分的でOK。※ヒナギクを参照）。木を刺
しゅうする。葉、りんごの実はバランスを見ながら
ランダムに。

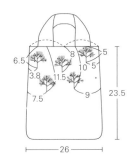

6.5　8　5
　　　10　5
3.8　11.5
　　　　9
7.5

23.5

26

### 実物大の図案　　※Sはステッチの略。
　　　　　　　　　　刺しゅう糸はすべて1本取り。

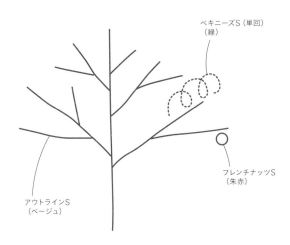

ペキニーズS（単回）
（緑）

フレンチナッツS
（朱赤）

アウトラインS
（ベージュ）

# page 70 ヒナギクのモチーフ

### 材料

マフラー……1枚
接着芯……適量
ウール刺しゅう糸（黄色、緑、深緑、白）……各適量

### つくり方

図案の位置を決めたら、マフラーの裏面に接着芯
をしつけ糸で縫い留めておく。茎と葉を刺しゅう
したら、外周のバックステッチ→白い花弁を中心
から外側へ放射状にストレートステッチ→花芯の
フレンチナッツステッチの順に刺しゅうする。接
着芯は、刺しゅうが終わったら、刺しゅう部分の
周囲で切り取る。

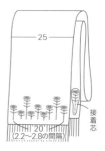

25

20
(2.2〜2.8の間隔)

接着芯

### 実物大の図案  ※Sはステッチの略。
刺しゅう糸はすべて1本取り。

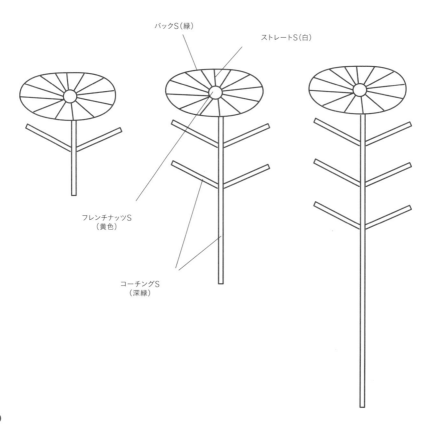

バックS（緑）

ストレートS（白）

フレンチナッツS
（黄色）

コーチングS
（深緑）

120

## 材料

ベスト……1枚
ウール刺しゅう糸（色は図案を参照）……各適量

## つくり方

図案の位置を決めたら、図のように刺しゅうをする。図案全体の、端部分は葉の一部分のモチーフを使う。

葉の図案

0.1
1
0.4
44

実物大の図案　※Sはステッチの略。
刺しゅう糸はすべて1本取り。

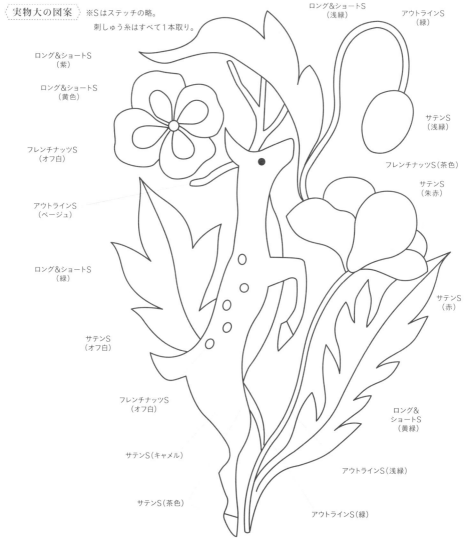

ロング＆ショートS
（紫）

ロング＆ショートS
（黄色）

フレンチナッツS
（オフ白）

アウトラインS
（ベージュ）

ロング＆ショートS
（緑）

サテンS
（オフ白）

フレンチナッツS
（オフ白）

サテンS（キャメル）

サテンS（茶色）

ロング＆ショートS
（浅緑）

アウトラインS
（緑）

サテンS
（浅緑）

フレンチナッツS（茶色）

サテンS
（朱赤）

サテンS
（赤）

ロング＆
ショートS
（黄緑）

アウトラインS（浅緑）

アウトラインS（緑）

# page 72 ストール

カラーガーゼ（水色）……108×240㎝
7目抜きキャンバス……70×45㎝
並太毛糸（白）……適量

つくり方

❶カラーガーゼの中央と、7目抜きキャンバスの
中央を合わせ、しつけ糸で周囲を縫い留める。
❷図案の黒い十字の中心部分から並太毛糸（白）
で刺しゅうする。図案は□内のパターンを繰り返
し、イラストのように刺す。周囲は□外の図案を
参照する。
❸布端の4辺はフリンジをつくる。

〈フリンジのつくり方〉

布端の織り糸を抜く。湿らせた指で糸束を
2㎝ほど集め、結び、カットする。

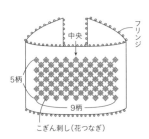

※ 広い面積に刺しやすいよう、本来の
図案をアレンジしています。

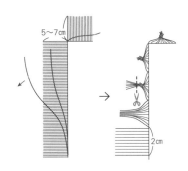

刺しゅう図案 ※すべて1本取り。

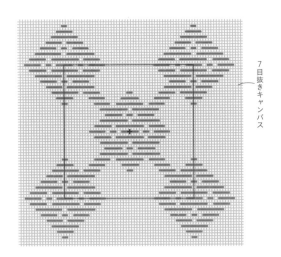

122

## page 73 ニット

### 材料

ニット……1枚
7目抜きキャンバス……15×30cm (右腕)、15×15cm (左腕)
モヘア刺しゅう糸 (青)……適量

### つくり方

❶7目抜きキャンバスを、イラストを参照して、それぞれ図案位置の周囲をしつけ糸で縫い留める。
❷図案の三角部分から刺しゅうする。右腕は3本ずつ糸を渡す上の図案を24回、左腕は6本ずつ糸を渡す下の図案を5回、それぞれ袖口方向に向かって繰り返す。

刺しゅう図案 ※すべて1本取り。

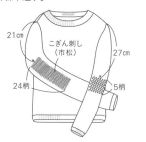

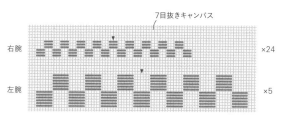

7目抜きキャンバス

右腕　×24

左腕　×5

21cm
こぎん刺し (市松)
27cm
24柄
5柄

## page 74 イヤーバンド

### 材料

お手製のイヤーバンド……1枚
中細毛糸 (お好みの色)……適量

### つくり方

❶棒針の模様編みと1目ゴム編みで輪に編んだお手製のイヤーバンドに、和紙などに写しておいた図案を、お好みの位置に配置して、まち針で留める。
❷中細毛糸 (お好みの色)で、図案のとおりに刺しゅうし、最後に和紙をちぎり取る。

実物大の図案 ※Sはステッチの略。すべて1本取り。

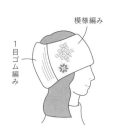

模様編み
1目ゴム編み

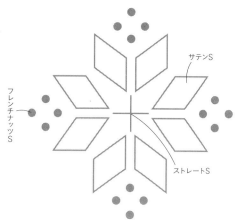

サテンS
フレンチナッツS
ストレートS

123

## page 75　ニット

### 材料

セーター……1枚
中細毛糸（白）……適量
お好みの毛糸（作品はグレー、緑、パープル）……各適量

### つくり方

❶ポケットの土台は、中細毛糸（白）を使い、棒針
のメリヤス編みで14×12cmで2枚編む。
❷お好みの毛糸で、ポケットの外側部分1枚にメ
リヤス刺しゅうをして、ストライプ柄をつくる。
土台の2枚を外表で合わせ、二重にする。
❸土台の上端を毛糸でまつってから、入れ口以外
をニットに縫い留める。

〈メリヤス刺しゅう〉

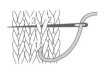

縦に進む場合

横に進む場合

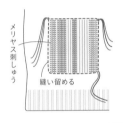

メリヤス刺しゅう

縫い留める

## page 76　ピンクッション

### 材料

クロスステッチ布、はぎれ布……各20×20cm
手芸綿……適量
並太毛糸（茶色、若草色）……各適量

### つくり方

❶クロスステッチ布の中心に、並太毛糸（茶色）で
図案のとおりにクロスステッチをして、図案の残
りの部分も並太毛糸（若草色）で刺し埋める。9cm
角ほど。
❷クロスステッチ布はバイアスに、はぎれは、布目
どおりにそれぞれ、11cm角に裁ち、中表で合わせ、
返し口を残して、布端から1cmを縫う。
❸返し口から表に返し、綿適量を入れ、返し口を綴
じる。

刺しゅう図案　※すべて1本取り。

クロスステッチ布

返し口

クロスステッチ布

平織りの布

## page 75 ベスト

お手製のベスト……1枚
中細毛糸（緑）……適量

棒針の模様編み、1目ゴム編み、メリヤス編みで編んだお手製のベストに、中細毛糸（緑）2本取りで、模様に沿ってランニングステッチをする。

※Sはステッチの略。

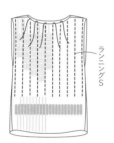

ランニングS

## page 77 バッグ

チェック柄のバッグ……1個
中細毛糸（水色）……適量

チェックの柄に合わせて、中細毛糸（水色）1本取りで、ランニングステッチをする。

※Sはステッチの略。

ランニングS

25

21

## page 77 ポーチ

ポーチ……1個
中細毛糸（オフホワイト）……適量

❶中細毛糸（オフホワイト）を、2本取りまたは3本取りで図案どおりレゼーデージーステッチを8つ放射状に刺しゅうする。大は直径6cm、中は直径5cm、小は直径4.5cm。
❷それぞれの中心に、フレンチナッツステッチを3つ施す。

刺しゅう図案　※Sはステッチの略。
下の図案は中の実物大です。
大は120％に拡大、小は90％に縮小

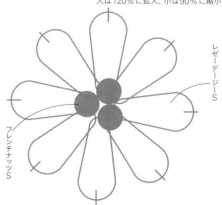

レゼーデージーS

フレンチナッツS

# page 8　ナプキン

## 材料

ナプキン（作品は40×40cm）……2枚
25番刺しゅう糸（色は図案参照）……各適量

## つくり方

❶右の図を参考にして、ナプキンに切り込みを入れ、ボタンホールステッチでかがる。
❷ボタンホールステッチの周りに、フレンチナッツステッチを刺す。
❸アウトラインステッチでイニシャルの図案を埋める（アウトラインSフィリング）。

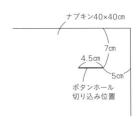

ナプキン40×40cm

7cm
4.5cm
5cm

ボタンホール
切り込み位置

## 刺しゅう図案　※すべて1本取り。

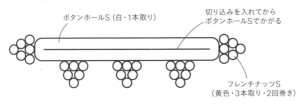

ボタンホールS（白・1本取り）

切り込みを入れてから
ボタンホールSでかがる

フレンチナッツS
（黄色・3本取り・2回巻き）

アウトラインS（フィリング）
（薄緑・2本取り）

切り込みを入れてから
ボタンホールSでかがる

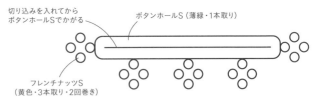

ボタンホールS（薄緑・1本取り）

フレンチナッツS
（黄色・3本取り・2回巻き）

アウトラインS（フィリング）
（緑・2本取り）

※アウトラインS（フィリング）はアウトラインSで図案を埋める技法です。

126

## page 9 バスタオル

**材料**

バスタオル……2枚
25番刺しゅう糸 (色は図案参照) ……各適量

**つくり方**

ループのないバスタオルか、または、ループのな
い端の部分に図案を写し、刺しゅうをする。線の
太い部分は、アウトラインステッチをくり返して
刺していく。

**刺しゅう図案**　※Sはステッチの略。
　　　　　　　　刺しゅう糸はすべて1本取り。

アウトラインS (青・1本取り)

ウィービングS
(青・2本取り)

ウィービングS
(朱色・2本取り)

アウトラインS (朱色・1本取り)

## 材料

リネンテープ……16cm幅を38cm
接着芯……2.5×2.5cm
ゴムテープ……0.6cm幅を19cm
25番刺しゅう糸(色は図案参照)……各適量

## つくり方

リネンテープの表側に図案を刺しゅうする
(aの文字の裏面のみ接着芯を貼る)。図を参
照して縫う。

実物大の図案 ※Sはステッチの略。

アウトラインS(フィリング)
(スカイブルー・2本取り)

アウトラインS(フィリング)
(紫・1本取り)

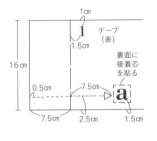

ランニングS
(スカイブルー・2本取り)

アウトラインS
(スカイブルー・2本取り)

※アウトラインS(フィリング)はアウトラインSで図案を埋める技法です。

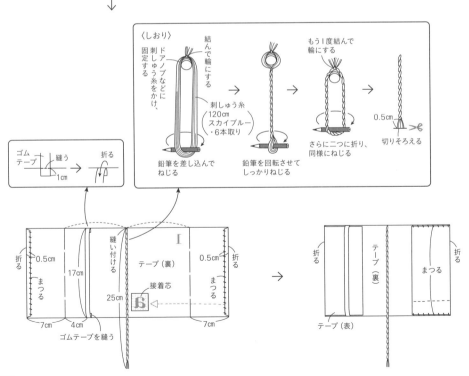

# page 11 タグ

## 材料

フェルト（グレー）……5×10cmを4枚
フェルト（黒・赤・茶色・黄色）……各5×5cm
25番刺しゅう糸（色は図案参照）……各適量

## つくり方

❶型紙のどおりにフェルトをカットする。ハートはピンキングばさみでカットする。
❷タグに数字を刺しゅうし、ダブルクロスステッチでハートを縫い付ける。
❸25番刺しゅう糸60cm（6本取り）で、ブックカバーのしおり（P.128参照）と同様にひもをつくり、切り込みに通す。

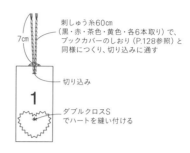

刺しゅう糸60cm
（黒・赤・茶色・黄色・各6本取り）で、
ブックカバーのしおり（P.128参照）と
同様につくり、切り込みに通す

切り込み

ダブルクロスS
でハートを縫い付ける

---

実物大の図案　※Sはステッチの略。

アウトラインS（フィリング）
（グレー・1本取り）

実物大の型紙

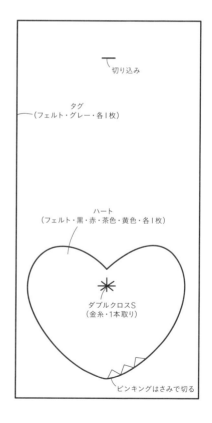

切り込み

タグ
（フェルト・グレー・各1枚）

ハート
（フェルト・黒・赤・茶色・黄色・各1枚）

ダブルクロスS
（金糸・1本取り）

ピンキングはさみで切る

※アウトラインS（フィリング）はアウトラインSで図案を埋める技法です。

### 材料

ランチョンマット……1枚
25番刺しゅう糸（色は図案参照）……各適量

### つくり方

手持ちのランチョンマットの大きさに合わせて図案を拡大し、刺しゅうをする。

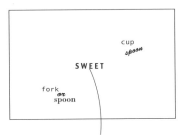

SWEETの文字が中央にくるように配置する

刺しゅう図案　※Sはステッチの略。

cup
アウトラインS＋サテンS
（オレンジ・2本取り）

spoon
アウトラインS
（ライトグリーン・2本取り）

SWEET
アウトラインS＋サテンS
（朱赤・3本取り）

fork
アウトラインS＋サテンS
（黄色・2本取り）

or
アウトラインS
（サーモンピンク・2本取り）

spoon
アウトラインS（薄緑・1本取り）

ランチョンマット……1枚
25番刺しゅう糸（色は図案参照）……各適量

つくり方

P.130のランチョンマットと同様につくる。

DINNERの文字が
中央にくるように
配置する

刺しゅう図案　※Sはステッチの略。

GLASS
アウトラインS
（薄水色・2本取り）

GLASS
アウトラインS＋サテンS
（オフ白・2本取り）

gLASS
アウトラインS
（青・1本取り）

knife
アウトラインS＋サテンS
（青・1本取り）

knife
アウトラインS
（紺・1本取り）

KNIFE
アウトラインS＋サテンS
（黄色・2本取り）

DINNER
アウトラインS＋サテンS
（濃青・3本取り）

flower
アウトラインS＋サテンS
（黄色・2本取り）

FORK
アウトラインS＋サテンS
（白・2本取り）

fork
アウトラインS＋サテンS
（青緑・2本取り）

fork
アウトラインS（薄緑・1本取り）

### 材料

Tシャツ（ボーダー柄）……1枚
接着芯……適量
25番刺しゅう糸（薄茶）……適量

### つくり方

Tシャツの大きさに合わせて図案を拡大または縮小する。図案の位置を決めたら、刺しゅうをする部分の裏面に接着芯を貼り、刺しゅうをする。

### 刺しゅう図案　※Sはステッチの略。

アウトラインS（フィリング）
（胸元は薄茶・3本取り、袖は薄茶・2本取り）

※アウトラインS（フィリング）はアウトラインSで図案を埋める技法です。

---

## page 15　ピローケース

### 材料

ピローケース……1枚
25番刺しゅう糸（色は図案参照）……各適量

### つくり方

ピローケースの大きさに合わせて、必要な場合は図案を拡大する。図案の位置を決め、刺しゅうをする（布が薄めの場合は、刺しゅう部分の裏面に接着芯を貼るとよい）。

### 刺しゅう図案　※Sはステッチの略。

表

チェーンS（薄黄・3本取り）

裏

non

チェーンS（水色・埋める部分は4本取り・線は3本取り）

# page 14 ベッドカバー

## 材料

ベッドカバー（または掛け布団カバー）……1枚
25番刺しゅう糸（色は図案参照）……各適量

## つくり方

ベッドカバーの大きさに合わせて、必要な場合は
図案を拡大する。図案の位置を決め、刺しゅうを
する（布が薄めの場合は、刺しゅう部分の裏面に
接着芯を貼るとよい）。

刺しゅう図案 ※Sはステッチの略。

細い線はアウトラインS（赤茶・3本取り）
太い線はクロスド・ヘリンボーンS
（赤茶・3本取り）

*Bien*

*cordialement*

*a vous*

*Bisou*

133

## page 16　手帳カバー

### 材料

ビニール製カバー付きの手帳……1冊
抜きキャンバス……適量
25番刺しゅう糸（ベージュ）……適量

### つくり方

❶手帳からカバーをはずし、カバーの大きさに合わせて、必要な場合は図案を拡大または縮小する。
❷P.140の「抜きキャンバスの使い方」を参考にし、刺しゅうをする。

### 刺しゅう図案

※Sはステッチの略。

クロスS
（ベージュ・2本取り）

クロスS（ベージュ・2本取り）

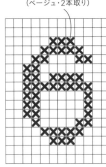
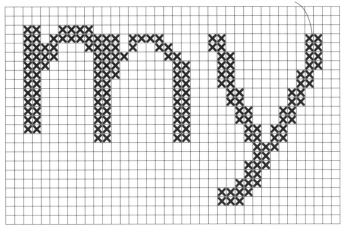

## page 16　ルームシューズ

### 材料

大人用ルームシューズ……1足
子ども用ルームシューズ……1足
25番刺しゅう糸（色は図参照）……各適量

### つくり方

ルームシューズの大きさに合わせて、必要な場合は図案を拡大または縮小する。両足にバランスよく図案を配置し、刺しゅうをする。

### 刺しゅう図案　※Sはステッチの略。

大人

# MOM

フレンチナッツS（オフ白・3本取り・3回巻き）

子ども

# ME

サテンS（芯入り）
（緑・3本取り）

サテンS（芯入り）
（黄緑・3本取り）

\10書体の/ \2書体の/
# アルファベットと数字の図案

P.6〜16掲載の「アルファベットと数字の刺しゅう」は、
すべて、ここにある書体を組み合わせて制作したもの。
イニシャル、名前、誕生日や記念日……
自由に書体を組み合わせて、自分だけのオリジナルの図案をつくってみてください。
どんなアイテムに、どんなステッチでどんな図案を刺すか、
アイデア次第でデザインは無限に広がります。

# ABCDEFGHIJ
# KLMNOPQR
# STUVWXYZ
# 0123456789

abcdefghij
klmnopqr
stuvwxyz

ABCDEFGHIJ
KLMNOPQR
STUVWXYZ

abcdefghij
klmnopqr
stuvwxyz

ABCDEFGHIJ
KLMNOPQR
STUVWXYZ

ABCDEFGHIJ

KLMNOPQR

STUVWXYZ

abcdefghijklm
nopqrstuvwxyz

abcdefghij
klmnopqr
stuvwxyz

abcdefghij
klmnopqr
stuvwxyz
0123456789

ABCDEFGHIJ
KLMNOPQR
STUVWXYZ

# 刺し始める前に

刺し始める前に知っておきたい刺しゅうの基礎やステッチの刺し方を紹介します。

## 図案を写す

〈チョークペーパーを使う方法〉

布の上にチョークペーパー、図案を写した
トレーシングペーパー、セロハンの順に置き、
まち針で留める。トレーサー（またはボール
ペン）で図案を写す。

〈ピーシングペーパー（または和紙）を使う方法〉

印をつけにくい布には、図案を写したピー
シングペーパー（仮糊付きの和紙のような
商品）を、アイロン接着またはしつけ糸で縫
い留める。ペーパーの上から布も一緒に刺
しゅうし、最後に紙をちぎって取り除く。

## 刺し始めと刺し終わりの始末

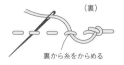

刺し始めは裏側に糸を残しておく。刺し終
わりは裏側に糸を出し、ステッチした目に
糸をからめる。刺し始めの糸も刺し終わり
と同様に糸をからめて始末する。

╲ あると便利！╱

P.65に書いてあるように薄い布
や多くの面積を刺す場合は刺しゅ
う枠を取り付けて刺すと、刺しや
すく仕上がりもキレイ。

## 抜きキャンバスの使い方

ウールやフェルトなど布目が数えられない素材などに使用します。
本誌ではP.16、63、72、73などに使用しています。

①抜きキャンバスを図案より大き
めに裁ち、1cm内側をしつけ糸で
縫い留める（ビニール素材などを
使用するときはセロハンテープな
どで張る）。

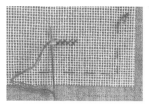

②少し離れた位置から針を入れて、
刺しはじめる。縦×横＝2×2目を
1マスと数えてクロスを刺すのが
基本です。抜きキャンバスは厚み
があるので、糸を強めに引くのが
ポイント。

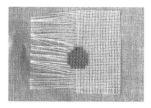

③刺し終わったら、抜きキャンバ
スの縦糸と横糸を指ですべて抜く。

# ステッチの刺し方 　①～⑧の順に針を刺して縫います。

### 何本取りとは…

※1本ずつ引き出した糸を指定の本数まとめて針に通して使う。

### アウトラインステッチ

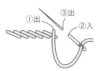

### ストレートステッチ

### ランニングステッチ

### チェーンステッチ

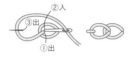

### フレンチナッツ（フレンチノット）ステッチ

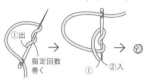

### レゼーデージーステッチ

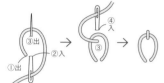

### ブランケットステッチ

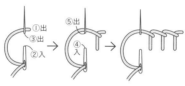

### フライステッチ

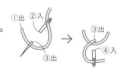

### ペキニーズステッチ（単回）

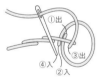

### コーチングステッチ

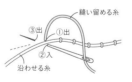

### クロズド・ヘリンボーンステッチ

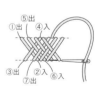

### クロスステッチ

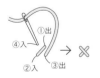

### ¾クロスステッチ

### ダブルクロスステッチ

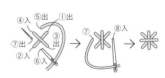

### ロング＆ショートステッチ

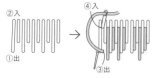

### サテンステッチ

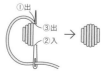

### サテンステッチ（芯入り）　ボタンホールステッチ（円）

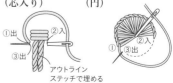

141

バックステッチ　　　　ヘリンボーンラダーステッチ

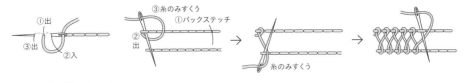

ウィービングステッチ

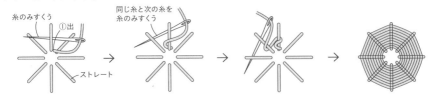

---

# 日本刺しゅうの刺し方

①～⑯の順に針を刺して縫います。
※駒掛はP.141コーチングステッチと同様に刺します。
沿わせる金糸は2本取り、縫い留めるぞべ糸（絹しつけ糸）は、1本取りで刺します。

### 縫い切り

刺し始めは
1針縫う

右半分を刺す　左半分を刺す

### 地引き

上半分を刺す　下半分を刺す

※図案の方向に合わせて広い面を刺すのが「縫い切り」。布の織り方向に沿って刺すのが「地引き」です。

### 割り縫い

右半分を刺す　左半分を刺す

### 格子組み縫い

糸の交差部分を小さく
2針で縫い留める

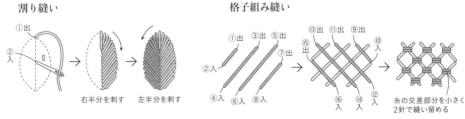

### 麻の葉

すき間に糸を渡す

残りの部分に糸を渡す

糸の交差部分を
小さく縫い留める

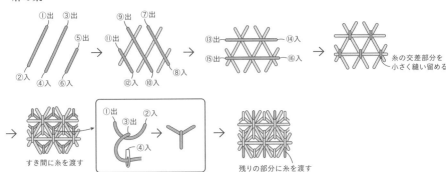

## P.96〜101のステッチの刺し方

### ディタッチドボタンホールステッチ

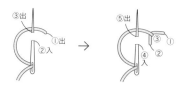 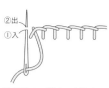 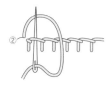

❶玉結びをし、布の裏から針を刺して糸を出し（①出）、左横の布をすくい（②入、③出）、針の下に糸をくぐらせ、引き抜く。同様に（④入、⑤出）を繰り返し、1列めをつくる。※進行方向は左右どちらでもよい（イラストは左）。

❷1列めの端まで刺したら、糸1本分くらい左に針を刺し、上に小さく布をすくい（①入、②出）、引き抜く。

❸針先を1列めの最後の目に手前から入れて目をすくい（布はすくわない）、針の下に糸をくぐらせ、引き抜く。2列めの1目ができる。

 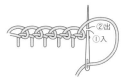  

❹❸の刺し方で1列めの目をすべてすくい、2列めをつくる。

❺2列めの端まで刺したら、糸1本分くらい右に針を刺し、上に小さく布をすくい（①入、②出）、引き抜く。

❻針先を2列めの最後の目に手前から入れて目をすくい（布はすくわない）、針の下に糸をくぐらせ、引き抜く。3列めの1目ができる。

❼❸〜❻を繰り返し、図案に沿って、刺しゅうをする。

### 目の増し方（幅を広くする）

❶ディタッチドボタンホールステッチの①と同様に1列めを刺す。端まで刺したら、針先を最後の目に手前から入れて目をすくい、針の下に糸をくぐらせ、引き抜く。2列めの1目ができる（次の列ですくうため、糸は引きすぎないように注意する）。

❷①と同じ目にもう1回針を入れて1目つくる（1目増える）。右端も同様に目を増やす。

### 目の減らし方（幅を狭くする）

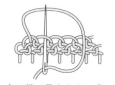

左の端の目をすくわず、2目からすくって刺し始める（1目減らす）。右端も同様に目を減らす。

※目の増減の仕方は端を浮かした刺し方で説明しています。
端の目を浮かさない場合はディタッチドボタンホールステッチの❷❺と同様に端で布をすくいます。

- - - - - - - - - - - - - - - - - - - - - - - - - - - - - - - - - - - - - - - - - - - - - - - - - - - - - - -

## 手縫い　①〜④の順に針を刺して縫います。

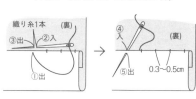

**たてまつり**
（本誌で「まつる」という工程の縫い方）

**はしごかがり**
（縫いしろが突き合わせのときのまつり方）

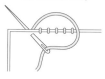

**巻きかがり**
（布を2枚合わせたときの端の縫い方）

143

〈構成・つくり方解説〉
小堺久美子（P.79 〜 143）

〈刺しゅう制作〉
西村明子（表紙、P.1、4 〜 5、17、43、57、
67、78、その他飾り等）
Embroidery Studio ECRU（P.44 〜 49）

〈写真〉
公文美和（P.1、8 〜 11、18 〜 21、58 〜 61）
長嶺輝明（P.6、12 〜 16）
豊田 都（P.22 〜 25、54 〜 56）
砂原 文（P.26 〜 29）
大段まちこ（P.3、30 〜 35、50 〜 53、62 〜 65）
上田知枝（P.36 〜 41）
田尻陽子（P.44 〜 49）
中島千絵美（P.68 〜 71）
大沼ショージ（P.72 〜 77）
奥 陽子（P.5、42、66）
鈴木真貴（P.104、140）

〈スタイリング〉
西森 萌（P.8 〜 11、58 〜 61）
田中美和子（P.12 〜 16、50 〜 53）
伊東朋恵（P.18 〜 21）
道広哲子（P.22 〜 25）
堀江直子（P.44 〜 49、62 〜 65）
前田かおり（P.68 〜 71）
大橋利枝子（P.72 〜 77）

〈モデル〉
石井 建（P.13 〜 16）
高橋尚子（P.46、48、49）

〈フォント・ロゴデザイン〉
ワキリエ（P.6 〜 16、135 〜 139）

〈取材・文〉
梅崎なつこ（P.7 〜 11、14、15、58 〜 61）
高井法子（P.12 〜 16、26 〜 29）
櫻井靖子（タビテオワークス）（P.18 〜 21）
道広哲子（P.22 〜 25）
田中のり子（P.54 〜 56）
海老原順子（P.62 〜 65）
熊坂麻美（P.68 〜 71）

〈つくり方解説〉
櫻井靖子（タビテオワークス）（P.79 〜 81）
高井法子（P.84 〜 89、124 〜 134）
海老原順子（P.116 〜 117）

〈つくり方イラスト〉
たまスタヂオ（P.79 〜 143）
佐々木真由美（P.79 〜 81）
沼本康代（P.84 〜 89、102 〜 103）

〈協力〉
アワビーズ（P.8 〜 11、58 〜 61）
日本刺繍 いち（P.61 のフレーム）
　kaku-ichi（刺繍生地張設済フレーム）
　㉿http://mayutoichi.com/

〈アートディレクション・デザイン〉
後藤美奈子

〈校正〉
鳥光信子

〈編集〉
田村久美

暮らしを彩る
刺しゅうの小物

2021 年 1 月 30 日　初版第 1 刷発行

発行人　久保田榮一
発行所　株式会社扶桑社
　　　　〒105-8070
　　　　東京都港区芝浦 1-1-1 浜松町ビルディング
　　　　☎ 03-6368-8885（編集）
　　　　☎ 03-6368-8891（郵便室）
　　　　www.fusosha.co.jp
印刷・製本　大日本印刷株式会社